国民诗人白居易

相逢何必曾相识

GUOMIN SHIREN BAIJUYI
XIANGFENG HEBI
CENGXIANGSHI

战 琳·著

武汉理工大学出版社
·武 汉·

内 容 提 要

白居易，唐代伟大的现实主义诗人、新乐府运动的倡导者，有着深远的影响力。本书聚焦白居易跌宕起伏的人生经历，以优美、细腻的文笔展现了一个善良正直、进退自如、知足常乐、通透豁达的诗人形象，带领读者领略大唐"诗魔"丰富的精神世界，感受其独特的人格魅力。与此同时，让读者通过诗人的人生经历以及诗作，了解大唐的历史和文化，感受大唐的魅力。本书内容丰富，逻辑清晰，文笔流畅，通俗易懂，是一本有助于提升读者文化内涵的著作。

图书在版编目（CIP）数据

国民诗人白居易：相逢何必曾相识 / 战琳著．
武汉：武汉理工大学出版社，2024.7. -- ISBN 978-7-5629-7167-2

Ⅰ．K825.6

中国国家版本馆 CIP 数据核字第 2024H9K401 号

责任编辑：	杨　昱		
责任校对：	柳亚男	排　版：	米　乐
出版发行	武汉理工大学出版社		
社　　址	武汉市洪山区珞狮路 122 号		
邮　　编	430070		
网　　址	http://www.wutp.com.cn		
经　　销	各地新华书店		
印　　刷	北京亚吉飞数码科技有限公司		
开　　本	710×1000　1/16		
印　　张	15.25		
字　　数	168 千字		
版　　次	2024 年 7 月第 1 版		
印　　次	2024 年 7 月第 1 次印刷		
定　　价	56.00 元		

凡购本书，如有缺页、倒页、脱页等印装质量问题，请向出版社发行部调换。
本社购书热线电话：027-87391631　87664138　87523148

·版权所有，盗版必究·

前言

大唐盛产诗人，而在大唐的熠熠星光中，白居易独具匠心。

少年白居易，曾凭一首诗撼动京城，引来一片赞誉。

初入仕途的白居易，曾"不避死亡之诛"向皇帝直言进谏。

宦海浮沉的白居易，因性格刚直而频遭打压，甚至被贬地方，但他并未因此志气消沉，反而尽心尽力地处理政务，造福一方百姓。

千帆阅尽的白居易，终于厌倦了朝堂纷争，他收敛了满身的锋芒，将一颗赤子之心藏在"闲官慢使"的面具下，以隐者之姿度日。

人生最后时刻的白居易，虽体弱多病，心境却越发圆融、豁达，他自号香山居士，将过往的宠辱悲欢一并看淡……

白居易一生所著诗词、文章共计三千八百余篇。他在诗里记录自己的荣耀："慈恩塔下题名处，十七人中最少年"；他也在诗里写尽人生至暗时刻:"座中泣下谁最多?江州司马青衫湿";他用诗歌来抒发闲情:"琴里知闻唯渌水,茶中故旧是蒙山";他也如其他大唐诗人一样,习惯于在山水自然中寻找慰藉,纵抒诗情:"天平山上白云泉,云自无心水自闲""松排山面千重翠,月点波心一颗珠"。

读白居易的诗,能感受到其对友情的忠贞:"君埋泉下泥销骨,我寄人间雪满头";读他的诗,亦能品尝到爱情的甜蜜和哀伤:"在天愿作比翼鸟,在地愿为连理枝""生离别,生离别,忧从中来无断绝"。

然而,后人更多的是从白居易的诗歌、文章中体会到大唐底层百姓的艰辛和诗人对国家命运的思索与关心。从《卖炭翁》《观刈麦》《杜陵叟》到《秦中吟》《琵琶行》,白居易将目光从帝王将相、才子佳人转向流连在市井巷陌的普通摊贩、辛勤劳作于田间地头的卑微村民以及浔阳江上的琵琶歌女,他用一支笔细致入微地记录下

前言

这些小人物的悲欢离合，诉尽人间疾苦。

"我身虽殁心长在，暗施慈悲与后人""百姓多寒无可救，一身独暖亦何情"。"国民诗人"白居易始终心系百姓，甘愿为弱势群体呐喊，他这份热忱的忧民之心闪耀千古，令千百年后的我们亦能感受到温暖，并从中获得无尽的慰藉与力量。

作 者

2024 年 3 月

目录

第一章 青葱岁月：意气风发的少年诗人

生于"世敦儒业"之家	003
天资聪颖，才华横溢	005
羁旅江南，辗转四方	009
一鸣惊人，开启"诗魔"生涯	013
甜蜜又苦涩的初恋	019
人生总有相聚与别离	027

第二章 勇闯长安：刚直坦率的仕途新贵

三登科第，春风得意	035
一见如故，惺惺相惜	045
任盩厔尉，牵挂民生疾苦	053
一诗封神，惊艳众生	059
喜结连理，相携共余生	069
迁左拾遗，不惧权贵，直言进谏	071
振臂一呼，力主诗坛革新	077

第三章 沧落天涯:青衫湿魂的江州司马

母亲辞世，丁忧故里	081
幼女病故，泣尽双眸昏	083
再入长安，做个"冷官"	089
仗义上书，反遭谪贬	093
闲居江州，寄情诗酒	097
江州司马遇知音	105

第四章 官海浮沉:壮志难酬的长安过客

赴任忠州，踌躇满志	115
为政之要：将欲茂枝叶，必先救根株	123
应召还京，调任尚书司门员外郎	127
激烈的朋党纷争	133
心灰意冷，请求外任	137

第五章 事必躬亲:造福于民的贤臣能吏

任职杭州，勤政爱民	143
筑建"白公堤"，留千古美谈	147
兴之所至，赏湖山美景	151
离杭北上，依依惜别	159
洛阳置产，"居易"成真	165
苏州刺史，安敢不躬亲	167

目 录

第六章 大隐于朝：向往园林的闲官慢使

辞别苏州，十里随舟行	175
任秘书监，重返旧地	179
迁刑部侍郎，宦情渐淡泊	183
送别长乐亭，从容出长安	189
退居洛阳，更无余事可劳心	191
任河南尹，意兴阑珊	195
故人凋零，山水共谁寻	197

第七章 乐天知命：淡看宠辱的香山居士

身在园林，心系苍生	207
时事虽闻如不闻	213
一生心血，尽汇《白氏文集》	215
刘、白重逢，与君俱老也	217
笔耕不辍，病后多于未病时	221
捐出家财，治理龙门八节滩	229
溘然长逝，诗魂不朽驻世间	231

参考文献	233

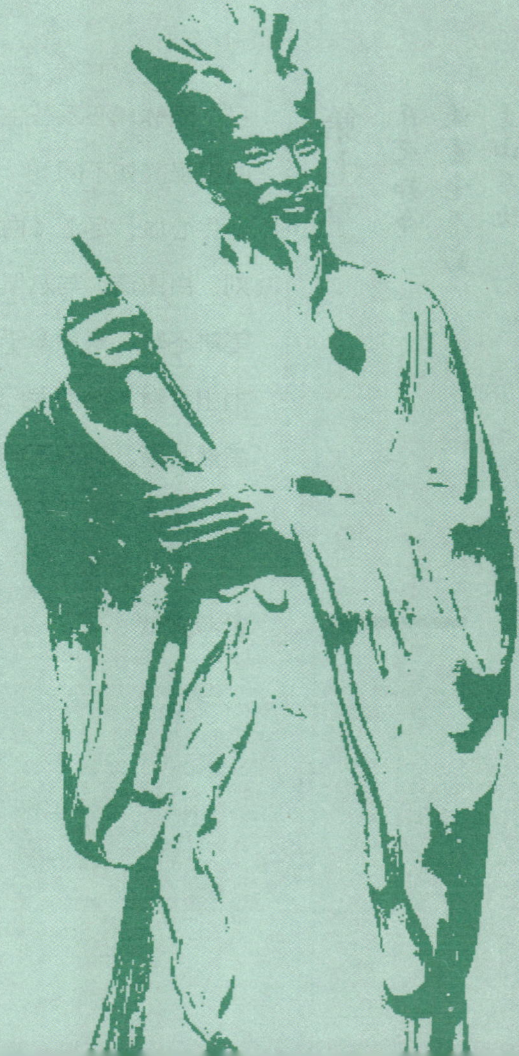

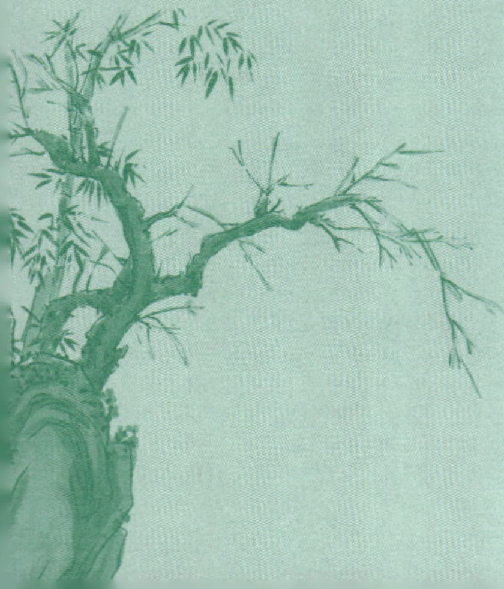

第一章

青葱岁月：意气风发的少年诗人

白居易是唐代"国宝级"诗人之一，在人生之初，他曾羁旅江南，流浪四方，也曾求学襄阳，闯荡长安。他曾经历过甜蜜又苦涩的初恋，从此对人世间的聚散离合有了更深的体验和感悟，也曾凭着一首诗在诗坛崭露头角，令诗坛名家赞赏不已，刮目相看。

　　可以说，年少时的经历给予了白居易源源不断的创作灵感，也令他无比坚定地走上"国民诗人"之路。

生于"世敦儒业"之家

白居易,字乐天,号香山居士、醉吟先生。他是唐代伟大的现实主义诗人,后人眼中的"诗魔""诗王"。

白居易祖籍太原,所以他经常以太原人自居。唐代宗大历七年(772年),他出生于河南新郑的一个官宦世家。关于他的家世,《旧唐书·白居易传》中有着这样的记载:"白居易,字乐天,太原人。北齐五兵尚书建之仍孙。建生士通,皇朝利州都督。士通生志善,尚衣奉御。志善生温,检校都官郎中。温生锽,历酸枣、巩二县令。锽生季庚,建中初为彭城令……自锽至季庚,世敦儒业,皆以明经出身。"

河南新郑白家虽然不是什么高门贵府,却也是"世敦儒业"之家。白居易的祖父白锽十七岁明经及第,曾担任河南府巩县令,其父白季庚亦是明经出身,曾为萧山县尉,还曾投身于军旅,立下不菲的战功。

虽然白锽、白季庚官阶不是很高,却都为官清廉,一身正气,且都深谙儒学教义,拥有坚韧不屈、兼济苍生的儒者心,这些都给予了白居易很好的家教熏陶。

有后世学者认为,白居易之名可能出自儒家经典《中庸》中的一句话:"君子居易以俟命,小人行险以侥幸。"大意是说,君子以平常心对待世事,大多行事平易,不逾矩,小人却常怀侥幸心理,做事不择手段。白锽、白季庚给呱呱坠地的小儿取名"居易",其中可能寄托了这样的期望——盼他一生知足常乐,行稳致远。

白居易雕像

深厚的家学渊源、父辈的言传身教,赋予了白居易纯良的性情和坚韧的品格。在儒学的熏陶下,小白居易渐渐成长。此后,他一生都未曾脱离儒家忠君爱国及爱护黎民百姓的担当精神。

当然,此刻懵懵懂懂的小白居易根本无法预料到,日后他居然能凭借一己诗才闪耀大唐、名流千古。

天资聪颖，才华横溢

白居易出生时，大唐璀璨、壮丽的盛世景象早已一去不复返，而李白、杜甫、王维等大唐才子也早已相继逝去。

在这样一个盛世不复、诗歌式微的时代，人们盼着出现一个奇才，去续写唐诗的辉煌。而白居易，正是这个奇才。

天赋异禀的小神童

白居易自小天赋异禀，聪颖异常。据说，当白居易还是个婴儿时，他的乳母经常抱着他来到屏风前，教他读绣在屏风上的诗句。久

而久之，小白居易居然能认得"之"和"无"这两个字了。

多年后，白居易在《与元九书》一文中回忆起此事："仆始生六七月时，乳母抱弄于书屏下，有指'之'字、'无'字示仆者，仆口未能言，心已默识。后有问此二字者，虽百十其试，而指之不差。"

随着白居易渐渐长大，他认识的字越来越多，而周围的人们提起他，也总是赞不绝口，称他是难得的天才、百闻不如一见的小神童。

家风优良，勤勉好学

白居易的聪慧来自其过人的天赋，也与其优良的家风及父母的谆谆教诲息息相关。

唐代宗大历八年（773年）五月，白居易的祖父溘然长逝，其父白季庚辞官，回乡丁忧，此时白居易不到两岁。白季庚因此有了大把时间去陪伴与教导幼子。

白居易是白季庚的第二个儿子，他还有一个哥哥，叫白幼文。几年后，他相继迎来了两个弟弟，即白行简和白幼美。

白季庚对自己的几个孩子管教严厉，对天资聪颖的白居易更是寄予了厚望。后来，白季庚丁忧期满，离家前往外地赴任。教导幼子的重任便落在了妻子陈氏身上。

陈氏是白季庚的续弦妻子，她出生于书香门第，颇通诗文。陈氏

第一章
青葱岁月：意气风发的少年诗人

虽然年纪比白季庚小很多，却如丈夫一样，格外重视对幼子的教育。白居易曾回忆说，在他幼时母亲曾"亲执《诗》《书》，昼夜教导，恂恂善诱"（《襄州别驾府君事状》）。

在父母的陪伴与教导下，白居易在学问上进步神速。在《与元九书》中，白居易回忆道，五六岁时他"读书勤敏"，已开始学习作诗；到八九岁时，他已"谙识声韵"。

正是幼时这段艰苦的读书经历为白居易打下了坚实的基础，使他逐步长成一个才华横溢的少年，日后更凭借着一首《赋得古原草送别》在诗坛一鸣惊人。

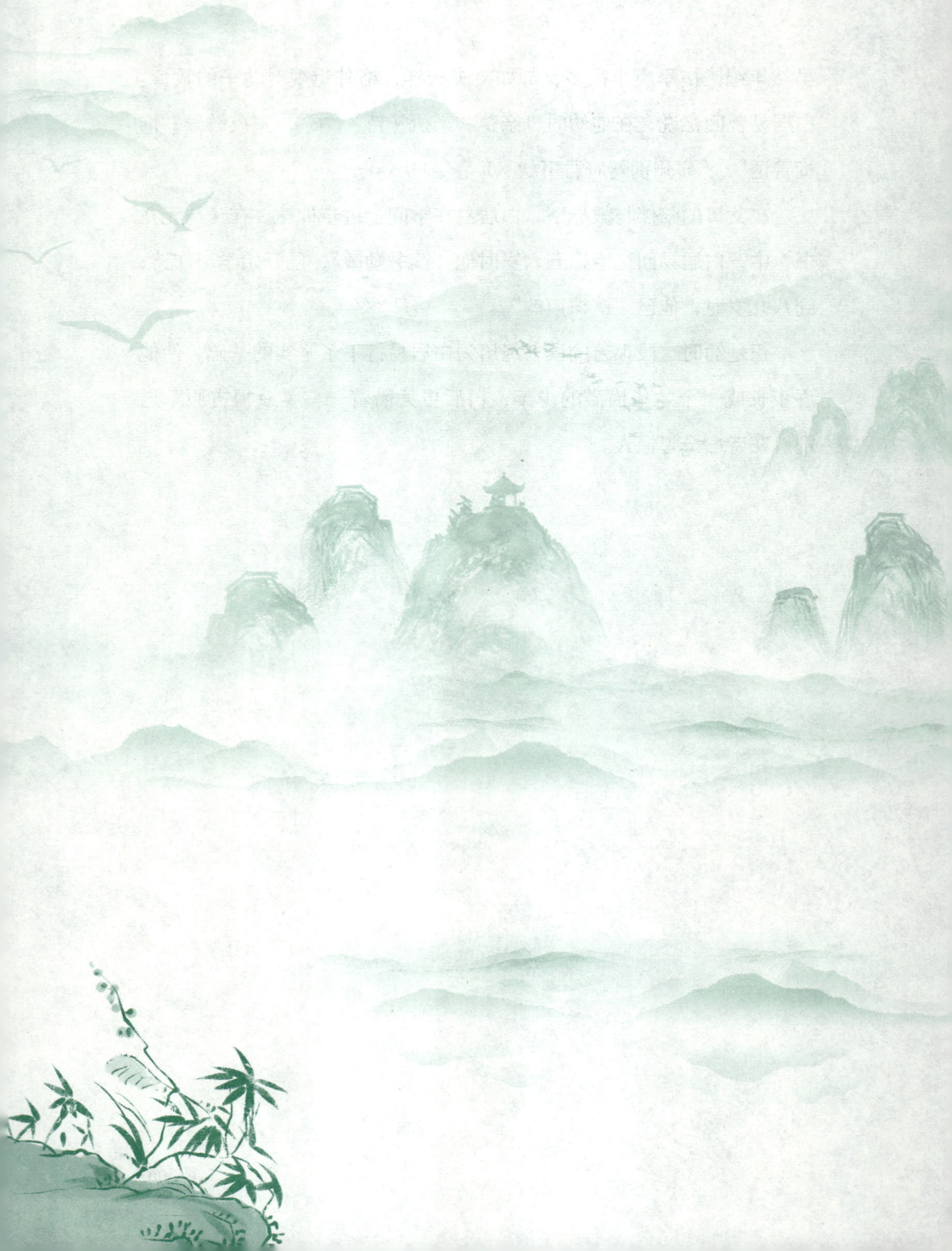

羁旅江南，辗转四方

白居易出生时，安史之乱的战火已平息，大唐时局暂时处于较稳定的状态。然而，随着白居易渐渐长大，时局却再次变得紧张、动荡起来，四面危机重重，战争一触即发。

唐德宗建中元年（780年），白居易的父亲被调任徐州彭城县令，当时一批安史旧部降将互相征伐不休，甚至联合叛唐，导致唐室大乱。随着战火重燃，民不聊生的局面再次上演。

战火蔓延至新郑，在白季庚的安排下，妻子陈氏带着几个孩子匆忙离开新郑，搬至徐州符离（今安徽宿州市境内）。此时的白居易大约十一二岁，他目睹百姓在战乱之下流离失所的生活，眼中虽尽是稚嫩与迷茫，心中却从此激荡起一股家国天下的悲愤豪情。

到了建中四年（783年），战乱升级，徐州也变得不安全起来。白季庚无奈，将连同白居易在内的一部分家属疏散到长江以南的越中，以躲避战火。白居易从此开启了羁旅江南、辗转四方的生活。

这段羁旅生涯持续了好几年，在此期间，白居易经常往来浙、皖、赣等地。他有了更多的机会去深入接触百姓生活，对民间疾苦也有了更深的了解与认识。四处漂泊的少年白居易看到眼前一幕幕生灵涂炭的景象，总忍不住蹙紧眉头，攥紧拳头。他时常感到心情沉重，仿佛自己肩上压有千斤重担，只恨自己不能快快长大，救民于水火，救国于危难。

这种忧国忧民的情怀伴随了白居易一生。多年后，白居易曾说："文章合为时而著，歌诗合为事而作。"在他看来，诗歌、文章应当为阐述现实不平、揭露时事黑暗而作，这恰恰突出了白居易的历史使命感。后来，他果然以诗歌为利刃，写尽民之疾苦，痛斥人间黑暗，成长为继杜甫之后最知名的现实主义诗人。

另外，羁旅江南的日子里，白居易对故乡、父母、兄弟的思念越来越浓烈。在《江楼望归（时避难在越中）》一诗中，白居易这样描述自己的哀愁与思念：

> 满眼云水色，月明楼上人。
> 旅愁春入越，乡梦夜归秦。
> 道路通荒服，田园隔虏尘。
> 悠悠沧海畔，十载避黄巾。

可以说，人生之初的这段经历对于白居易的一生影响深远。这段经历开阔了白居易的眼界，丰富了其阅历，令他的人生变得更丰富、厚重。而经历过这种离家万里的孤独感、漂泊感的淬炼后，白居易也变得更加顽强、坚韧。

第一章
青葱岁月:意气风发的少年诗人

诗词欣赏

江南送北客因凭寄徐州兄弟书

白居易

故园望断欲何如!楚水吴山万里余。

今日因君访兄弟,数行乡泪一封书。

赏析

这首《江南送北客因凭寄徐州兄弟书》是现存的已知白居易最早的作品。当时白居易大约十五岁,正漂泊于江南一带。他的兄弟们此时都在徐州符离,因此白居易写下一封家书,托人送回徐州家中。

在首二句中,诗人将自己的思乡之情通过"望断""万里余"等词表露得淋漓尽致。他日日望向故乡的方向,但此举却毫无意义,只因故乡远在万里之外。他想此刻便启程归家,却又碍于现实,不得不逼自己放弃这个念头。

后二句交代了这首诗的创作经历:这一日诗人送别北客,得知北客回家后要去拜访自己的兄弟,所以含泪写下一封家书,托北客带给自己的兄弟。

这首诗通篇用语朴素、平实、浅白,却写尽了年轻游子的乡愁,通篇情感细腻真挚,感人至深。

一鸣惊人,开启"诗魔"生涯

羁旅江南的日子里,白居易渐渐长大,心智变得越发成熟、坚定。唐德宗贞元二年(786年),白居易十五岁,此时的他经常往来苏州、杭州二郡,一面游学,结交天下名士,一面探寻自然美景,领略人文风情,而这些经历都有助于他开阔心胸、积累见识。

苏、杭二郡自古文风炽热,唐时更是文人雅客聚集,其中有不少人为年少的白居易所钦慕。那时候,韦应物、房孺复都身处苏、杭一带,他们性情豪爽豁达,诗才冠绝一时,令白居易仰慕不已。在《吴郡诗石记》中,白居易曾谈道:"贞元初,韦应物为苏州牧,房孺复为杭州牧,皆豪人也。韦嗜诗,房嗜酒,每与宾客一醉一咏,其风流雅韵,多播于吴中,或曰房、韦为诗酒仙……"

也许是受到这些诗坛前辈的影响,白居易再也克制不了自己的创作冲动。他开始大量作诗，尝试着用诗歌来记录自己的生活，抒发各种心绪，展现自己对于人生的思考与感悟。

白居易天赋异禀，加上他年少时日夜勤奋苦读，好学不倦，为他的诗歌创作打下了坚实的基础。这一时期的他留下了不少佳作，获得一片赞赏。更值得一提的是，大概十五六岁时，白居易曾凭借一首意味隽永的《赋得古原草送别》震惊诗坛，将自己的天赋与才华展露得淋漓尽致。

关于这首《赋得古原草送别》，还有着这样一个故事。据说，白居易曾拿着自己的诗集前往当时的诗坛大家顾况府上拜访。当时白居易毕恭毕敬地递上自己的诗集，敬请前辈指教。顾况漫不经心地接过诗集，他瞧着面前名不见经传的年轻人，戏谑道："长安米贵，居大不易。"

白居易静立，淡淡微笑，什么也没说。顾况翻开诗集，一首《赋得古原草送别》映入眼帘，顾况不由在心里诵读起来，读完后，他不禁高声叫好，同时一改先前的轻慢之态，郑重其事地对白居易说："道得个语，居即易矣，老夫前言戏之耳。"

白居易凭借这首文采飞扬、意境深远、浑然天成的《赋得古原草送别》一鸣惊人，令整个诗坛对其青眼有加。

年少时期的这些经历激励着白居易的诗歌创作，同时也成为他日后创作的灵感来源，令他最终成为一代"诗魔"，闪耀在大唐的天空。

第一章
青葱岁月：意气风发的少年诗人

诗词欣赏

赋得古原草送别

白居易

离离原上草，一岁一枯荣。

野火烧不尽，春风吹又生。

远芳侵古道，晴翠接荒城。

又送王孙去，萋萋满别情。

赏析

这首《赋得古原草送别》是白居易的成名作,诗的前四句脍炙人口,为千古名句。

这首诗开篇点题,令读者眼前仿佛出现了这样一幅画面:一望无际的春草在阳光下蓬勃生长,在微风中身姿摇曳,那种旺盛的生命力让人情不自禁地为之赞叹。"一岁一枯荣"一句以两个"一"字对应"枯荣"二字,颇具韵律感,使人读起来朗朗上口,同时又给人一种生命回旋往复之感,令人回味无穷。

"野火烧不尽,春风吹又生"二句用词朴实,平铺直叙,却写出了野草的顽强与坚韧。在世人眼中,脚下的小草是最平凡、最不起眼的,然而它却有着令世人都为之惊叹的神奇力量,无论烈火如何焚烧,寒风如何摧残,只要春风吹来,它便能不断地重生,用连绵不绝的绿意点缀大地。

诗的后四句重点写送别之情。"远芳侵古道,晴翠接荒城"二句将春草的形象描述

第一章
青葱岁月：意气风发的少年诗人

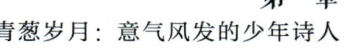

得更为具体、迷人，读者眼前仿佛一片青翠之色，又仿佛闻到了春草的清香，同时这二句又为后二句的"送别"主题作铺垫。"又送王孙去，萋萋满别情"二句用"萋萋"春草形容离别之情，表达了诗人此刻惆怅的心情，给人以意味深长之感。

这首诗通篇用语朴素、简单，却章法严明，意境隽永，是一首不可多得的佳作，在白居易的作品中占据着重要的位置。

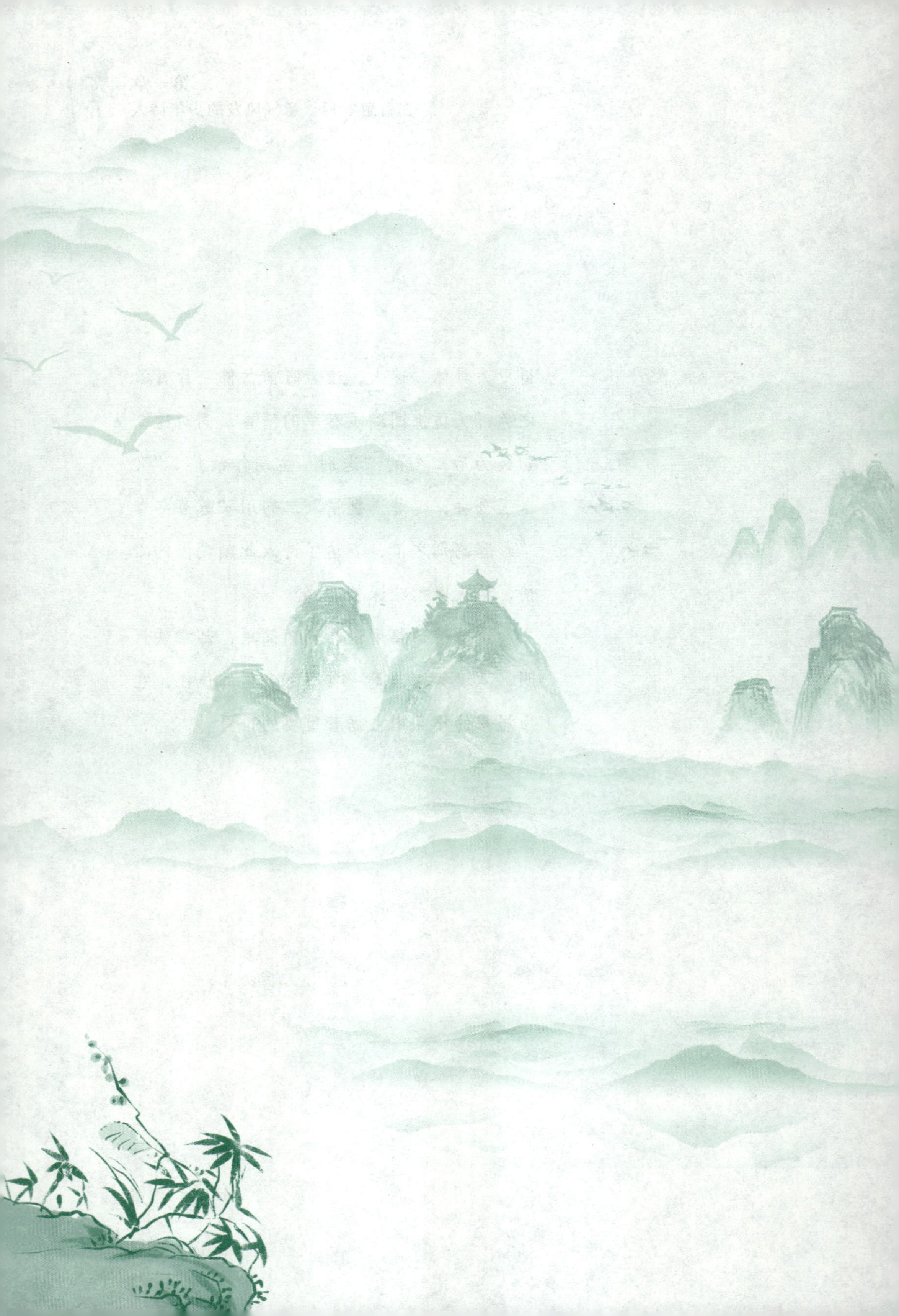

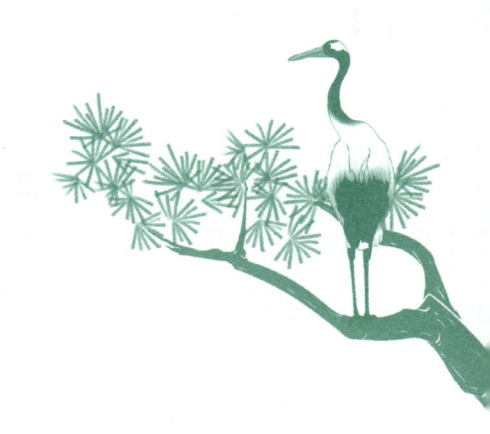

甜蜜又苦涩的初恋

大约在唐德宗贞元五年（789年），白居易从江南一带回到了符离。此时的他已下定决心开启科考入仕报国之旅，于是他日夜苦读，勤学不倦。

苦读之余，少年人眼前却时不时萦绕着一抹倩影，这抹倩影在他心里掀起一阵阵波澜，成为他生命中最生动也最伤感的一抹丽色。

互生情愫，心心相印

白居易的初恋堪称既甜蜜又苦涩，在他的生命中留下了深深的烙印。

据说，当年白居易随着母亲、兄弟从新郑搬至徐州符离时，认识了一位名叫湘灵的邻家女孩。天生丽质、活泼可爱的湘灵成为白居易当时最好的玩伴。他们终日厮守在一起，关系越来越密切。

不久后，白居易被父亲安排至越中避难，两人就此中断了联系。直到几年后，白居易又返回符离，才重新见到昔日青梅竹马的湘灵。

此时的湘灵已经长成明艳动人的少女，她温柔大方、活泼可爱，嗓音如黄莺般清脆悦耳，令白居易一见倾心，情愫暗生。后来，他特意作诗记录下湘灵的美：

娉婷十五胜天仙，白日姮娥旱地莲。

何处闲教鹦鹉语，碧纱窗下绣床前。

——《邻女》

湘灵对白居易亦心存爱慕。两人心心相印，很快便坠入了甜蜜的初恋。白居易在闲暇时总会陪伴在湘灵身边，他教湘灵识字，给湘灵读自己创作的诗，湘灵则将符离当地的神话故事及一些特别的风俗向白居易娓娓道来，两人越是交谈越是投契。

据说，白居易为了表达心中的爱意，曾送湘灵一面铜镜作为定情信物，而湘灵亦将自己亲手制作的一双鞋赠予白居易，盼着他们能如这双鞋子一般形影不离。就在朝夕相伴间，他们的感情越来越炙热、浓烈，白居易原以为这段感情能够开花结果，走向圆满的结局。然而，天不遂人愿，他和湘灵最终被现实的一盆冷水浇得寒透骨髓。

第一章
青葱岁月：意气风发的少年诗人

青涩苦恋，爱而不得

白居易和湘灵的感情渐深，于是他便将这件事告诉了父母，盼着能得到父母的同意，迎娶湘灵为妻。然而，这桩婚事却遭到了白季庚和陈氏的强烈反对。在他们看来，湘灵出生于符离当地一个普通农户家庭，只是一个再平凡不过的村姑，与"世敦儒业"之家出生的白居易门不当、户不对，不能结合在一起。

白居易痛苦不已，他一遍遍地请求父母，希望他们能改变想法，接纳湘灵。白季庚和陈氏却一一拒绝，并且训斥、告诫白居易专心学业，不要沉溺在儿女情长里，以免耽误了前途。

到了唐德宗贞元九年（793年），白季庚被调任襄阳，他要求白居易随自己一同前往襄阳求学。白居易虽然伤心、不舍，却也无法违抗父亲的命令。在前往襄阳之前的某个深夜，他与湘灵在濉河岸边告别，两人恋恋不舍，均伤心断肠。据说白居易的《潜别离》所描述的就是这一次离别的场景：

> 不得哭，潜别离。
> 不得语，暗相思。
> 两心之外无人知。
> 深笼夜锁独栖鸟，利剑春断连理枝。
> 河水虽浊有清日，乌头虽黑有白时。
> 唯有潜离与暗别，彼此甘心无后期。

往后的多年时间里，白居易偶与湘灵相聚，更多的时候是天各一方。但他们始终坚守着这份感情，男不娶，女不嫁，盼着能冲破世俗的藩篱，最终实现当初对彼此的承诺，为这段刻骨铭心的感情画上一个圆满的句号。尽管如此，白居易的母亲陈氏却始终没有松口，她对自小聪慧、天赋过人的白居易寄予了太多期盼，不想让一个村姑牵绊住白居易平步青云的脚步。

一次次的抗争最终都以失败结束。后来，白居易和湘灵再未相见，他们的爱情最终败给了现实。三十八岁时，白居易正式娶妻，从此，他将这份甜蜜而又苦涩的初恋回忆珍藏在心底。

在与湘灵相识、相爱后，白居易曾写下不少哀怨凄婉的情诗去表达自己对湘灵的爱慕之情，记录这份爱而不得的感情，如《南浦别》《寄湘灵》《寒闺夜》《长相思》《冬至夜怀湘灵》《感秋寄远》《寄远》等。其中，《长相思》是一首五言乐府诗，诗中记录了一位年轻女子对情郎的爱慕与思念之情，通篇感情真挚，无比动人。诗中长相思的女子形象极有可能是以湘灵为原型创作的，诗人借笔下女子之口去倾诉自己与湘灵之间缠绵悱恻、刻骨铭心的爱情：

　　九月西风兴，月冷霜华凝。

　　思君秋夜长，一夜魂九升。

　　二月东风来，草坼花心开。

　　思君春日迟，一夜肠九回。

　　妾住洛桥北，君住洛桥南。

　　十五即相识，今年二十三。

　　有如女萝草，生在松之侧。

　　蔓短枝苦高，萦回上不得。

第一章
青葱岁月：意气风发的少年诗人

人言人有愿，愿至天必成。

愿作远方兽，步步比肩行。

愿作深山木，枝枝连理生。

白居易时不时怀念湘灵，怀念他们这份真挚的感情，亦怀念当初无比年轻、意气风发的自己。这份爱而不得的苦恋影响了白居易一生，也成为他人生中的一大遗憾。

诗词赏析

感镜

白居易

美人与我别,留镜在匣中。

自从花颜去,秋水无芙蓉。

经年不开匣,红埃覆青铜。

今朝一拂拭,自照憔悴容。

照罢重惆怅,背有双盘龙。

第一章
青葱岁月：意气风发的少年诗人

赏析

  这首《感镜》是一首五言古诗。有学者认为，这首诗是白居易为自己的初恋爱人湘灵所作，诗中充满眷念之情。

  "美人与我别，留镜在匣中。"首二句平铺直叙，诉说了这样一段往事：美人与诗人辞别时，并未带走铜镜，而是将它留在了匣子里。

  "自从花颜去，秋水无芙蓉。"这二句描述了自从美人离别后，诗人孤独、痛苦的心境。以"花颜"形容美人的惊世美貌，令人产生无限遐思。一个"无"字则说明，诗人的感情随着美人的离去而枯萎，仿佛秋水上再也没有盛开过芙蓉，突出了诗人对美人的思念之情。

  "经年不开匣，红埃覆青铜"二句一是点出时间飞逝如白驹过隙，二是表明诗人自从美人离开后，便再也无心饰容。

  "今朝一拂拭，自照憔悴容。"这一日，诗人再也忍受不住内心的煎熬，他从匣中取

出铜镜，揽镜自照，却发现自己容颜憔悴，相比过往已经衰老很多。

"照罢重惆怅，背有双盘龙。"诗人放下镜子，心情无比低落。他久久凝视着铜镜背后的双龙纹饰，内心又满是惆怅。

这首诗虽然没有直接描述诗人对恋人浓烈而执着的感情，字里行间却充满缠绵的情谊和别后的思念，令人回味再三，拍案叫绝。

人生总有相聚与别离

白居易在符离留下了一段感人至深的初恋情谊,这段感情无法开花结果,令他苦恼不已。另外,沉重的课业及科考压力也压得他几乎喘不过气来。与此同时,接二连三的坏消息让他一次次深刻地体会到何为身不由己,何为人生至暗。

唐德宗贞元八年(792年),白居易最小的弟弟白幼美骤然离世,白居易难过至极,幼美才九岁,还没来得及见识人世繁华,一想到这一点,白居易就心痛不已。

贞元十年(794年)五月,尚在襄阳任上的白季庚因病去世。得此消息,白居易如遭雷击,父亲的音容笑貌犹在眼前,谆谆教诲尚在耳边,却已经永远离开了他。家里的顶梁柱倒了,白家家业越发凋零。白居易迫切地想要通过科举出人头地、实现理想,以慰父母恩

情。不过他需得先服丧三年，三年后才能应试。这三年间，他夜以继日地温书、学习，为来日的科考做准备。

贞元十五年（799年），白居易在宣城应乡试。然而，就在这一年的秋天，他的从兄白逸（乌江十五兄）不幸离世。白居易心中悲戚，作下一篇祭文怀念乌江十五兄。文中写道："矧终天之永诀，知后期而无因，徒抚膺而陨涕，谅沈痛之难伸。追思乎早岁离阻，各悲零侢；中年集会，共喜长成，同参选于东都，俱署吏于西京，居则共被而寝，出则连骑而行，友于四人，同年成名，优游笑傲，怡怡弟兄，虽不侔八龙三虎，亦自谓当家一时之荣……"字里行间满溢着悲痛之情，令人不忍卒读。

接二连三的打击，让白居易倍感痛苦。但他天性乐观、豁达、坚韧，不至于被生活的残酷击倒。在经历了如此多的变故后，他渐渐明白，人生这趟旅途上充满了相聚与别离，相聚的时候就应当好好珍惜，这样到了别离的时候才不会留有遗憾。得之淡然，失之坦然，以平和、宽容、积极的心态去面对生活，看淡聚散得失，生活里便无处不是坦途。

此刻的白居易，心境越发坦然、通透，他已经做好准备，去迎接人生的下一段挑战。

第一章
青葱岁月：意气风发的少年诗人

> 诗词欣赏

自河南经乱，关内阻饥，兄弟离散，各在一处。因望月有感，聊书所怀，寄上浮梁大兄、于潜七兄、乌江十五兄，兼示符离及下邽弟妹

白居易

时难年荒世业空，弟兄羁旅各西东。

田园寥落干戈后，骨肉流离道路中。

吊影分为千里雁，辞根散作九秋蓬。

共看明月应垂泪，一夜乡心五处同。

赏析

这首诗通篇弥漫着浓郁的情感。在题目中,诗人叙述了这首诗的创作背景和创作情由,同时为全诗铺垫了一种真诚质朴、凄婉动人的艺术格调。

"时难年荒世业空,弟兄羁旅各西东"二句交代了诗人和亲人们天各一方的原因——连年战乱导致家业溃败、手足离散。

"田园寥落干戈后,骨肉流离道路中"二句继续写战乱导致田园荒芜、骨肉血亲天各一方的悲惨现状。

"吊影分为千里雁,辞根散作九秋蓬"二句以两个形象的比喻点出了诗人的痛苦:此刻远离亲人的他像是脱离了雁群的大雁,又像是被寒冷秋风吹散的蓬草,那种深入骨髓的孤单令他痛苦不已。

"共看明月应垂泪,一夜乡心五处同"二句中,诗人不禁想象,此刻想必离散的亲人也正如自己一般遥望明月垂泪。"应垂泪"三字的基调较为凄婉,到了"五处同",却

第一章
青葱岁月：意气风发的少年诗人

又笔锋一转，透出一丝温暖之意，表达了诗人对亲人团聚、结束孤寂生活的期盼。

这首诗用语平实，情感细腻，意蕴精深，是一首脍炙人口的佳作。

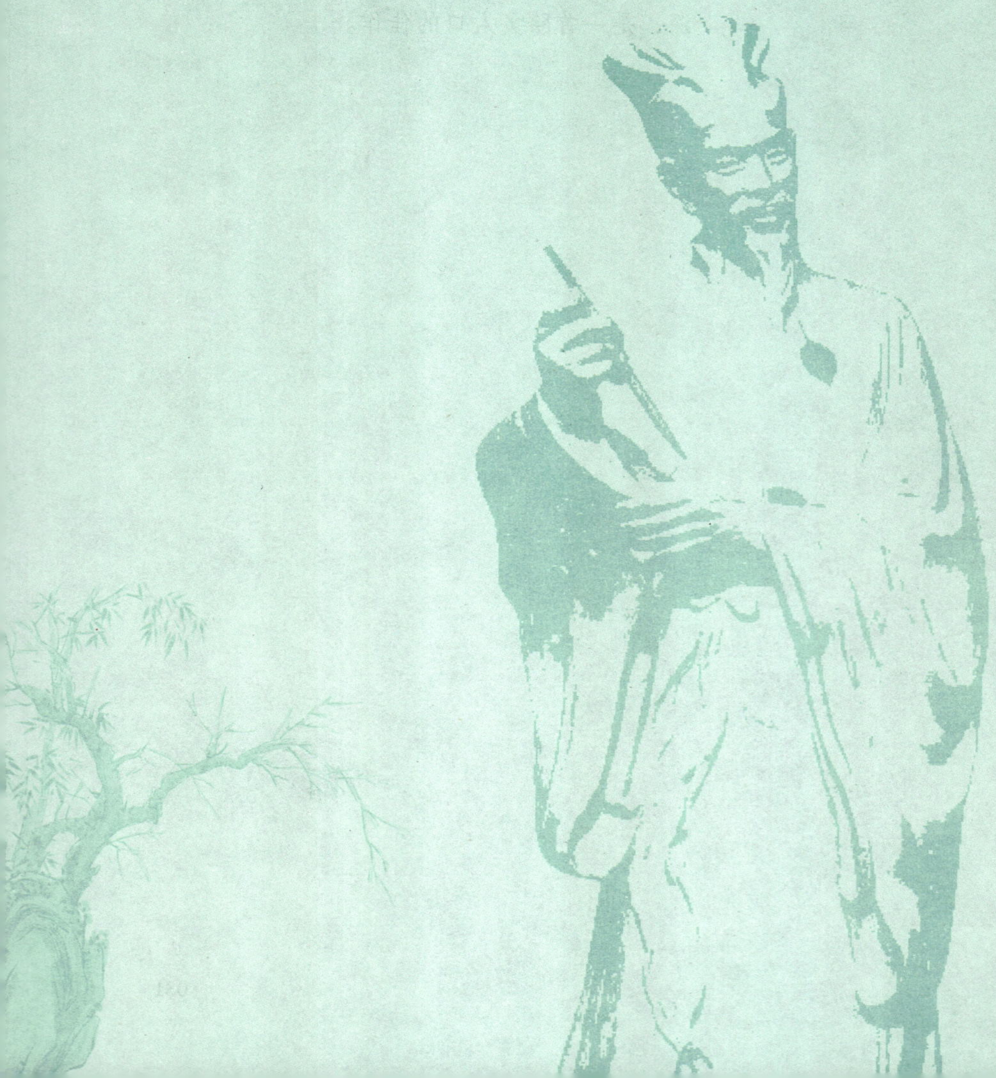

第二章

勇闯长安：刚直坦率的仕途新贵

时光荏苒，青葱岁月转瞬即逝，年近三十的白居易决定不负家人厚望，寻求入仕之路。白居易先至宣州，后入长安，只身勇闯这繁华的都城，而长安也即将迎来一个才华横溢的仕途新贵。

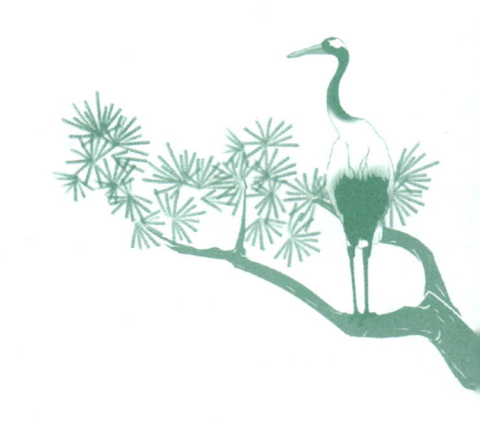

三登科第,春风得意

贞元十五年(799年)秋天,白居易到宣州投靠叔父白季康,寻找入仕的机会。此后不久,白居易得以有机会施展才华,他厚积薄发,三登科第,春风得意正当时。

投靠叔父,参加乡试

贞元十五年(799年),白居易的兄长白幼文在浮梁做官,所得俸禄不多,但仍尽力供养母亲与弟弟,白居易去探望兄长并受兄长嘱托"负米还乡",回到洛阳。遵照兄长的嘱托,白居易一路艰辛赶路，就如他在《伤远行赋》所说："茫茫兮二千五百里，自鄱阳而归洛阳。"

白居易心中不免愁苦，父亲离世，而自己年近三十，尚未成家立业，丁忧三年结束，也该尝试入仕去争得一番荣耀回来了。所以归家后不久，白居易便去了宣州。

此时，白居易的叔父白季康正担任宣州溧水县令，白居易投靠叔父希望能得到一个参加科考的机会。叔父白季康也十分欢迎白居易的到来，并积极推荐白居易参加当地的乡试。白居易不负所望，顺利通过了乡试。

同时，白居易的文采还得到了时任宣歙观察使崔衍的赏识，在崔衍的举荐下，白居易获得了到长安城参加进士考试的机会。

登进士科，雁塔题名

贞元十六年（800 年），白居易来到长安。初至长安，白居易一面惊叹于都市的繁华，一面为客居他乡而感到伤感。一日，白居易独自走在喧闹的街道上，看着街道上熙熙攘攘的人群，站在角落黯然神伤，望着故乡的方向不禁感到孤单，于是作《长安早春旅怀》一诗抒发心中愁苦：

轩车歌吹喧都邑，中有一人向隅立。

夜深明月卷帘愁，日暮青山望乡泣。

第二章
勇闯长安：刚直坦率的仕途新贵

风吹新绿草芽坼，雨洒轻黄柳条湿。

此生知负少年春，不展愁眉欲三十。

在偌大的长安城中，车水马龙，人流涌动，而白居易举目无亲，伶仃一人，难免伤怀。不过，好在白居易很快要参加科考，未来有数不尽的热闹在等着他。

进士科考很快到来，白居易积极应考。经过数日的考试和考后漫长的等待，终于到了放榜这天，白居易挤在人群之中望眼欲穿，只见榜上登科者共十七人，自己榜上有名，位列第四。

白居易进士及第后，参加了礼部专门为登科者举办的集会。在杏园探花宴上，白居易跟随其他进士一起骑马游街、游园，街道两旁百姓纷纷驻足观看；在曲江宴上，白居易和其他进士赏景作诗、把酒言欢。如此风光和欢乐的场景，让白居易心中无比欢喜。

随后，白居易又和其他进士们同游慈恩寺、登大雁塔。大雁塔位于唐长安城（今陕西西安）的大慈恩寺内，又名"慈恩寺塔"，由唐代高僧玄奘主持建造，用于存放由天竺经丝绸之路带回的经卷。大雁塔为四方楼阁式砖塔，挺拔高耸，可登高远眺长安繁华景象，是唐长安城的标志性建筑物之一，因此文人墨客都喜欢登大雁塔赏景抒怀，且流传进士及第后"雁塔题名"的传统。

白居易登临大雁塔，在大雁塔石碑上留下自己的名字，享受属于自己的荣耀。自隋唐开科取士以来，进士难考，有"五十少进士"一说，而白居易不足三十即登进士科，可见这份荣耀的分量，也难怪白居易会发出"慈恩塔下题名处，十七人中最少年"的感慨。

在科考路上，白居易虽参加考试的时间晚，但第一次参考就取得

进士及第的成就,实属难得。

收拾好激动的心情后,白居易与同科进士辞别,在饯别宴上作《及第后归觐,留别诸同年》一诗,他迫不及待地想要回到洛阳,把登进士科的消息告诉家中的亲人。

大雁塔

第二章
勇闯长安：刚直坦率的仕途新贵

登书判拔萃科，授秘书省校书郎

在洛阳、符离短暂停留后，白居易又返回长安，为参加吏部举行的"书判拔萃科"考试做准备。

白居易之前进士及第，有功名在身，已具备当官的资格，但要真正进入官场接受朝廷任命，还需要参加这次"书判拔萃科"考试。

在此次考试前不久，白居易认识了同样前来应试的元稹。白居易与元稹兴趣相投，一见如故。与好友一同参加考试，白居易感到十分安心。

贞元十八年（802年）冬，白居易和元稹一同参加了"书判拔萃科"考试。翌年（803年），科举放榜，二人均如愿登科。之后不久二人又同被授秘书省校书郎，官级九品。

登才识兼茂明于体用科，授盩厔县尉

任校书郎后，白居易暂时在长安定居，寻得已故相国关播相国府的一处旧宅常乐里东亭租住。由于校书郎的工作相对清闲，故而白居易在东亭居住的约三年时间里，时常修缮房屋、整理院落，闲余时间读书写文、赏竹饮酒，衣食无忧，清雅自在。正如他所作的《常乐里闲居偶题十六韵兼寄刘十五公舆、王十一起、吕二炅、吕四颖、崔十八玄亮、元

九稹、刘三十二敦质、张十五仲方，时为校书郎》一诗中所说：

> 帝都名利场，鸡鸣无安居。
> 独有懒慢者，日高头未梳。
> 工拙性不同，进退迹遂殊。
> 幸逢太平代，天子好文儒。
> 小才难大用，典校在秘书。
> 三旬两入省，因得养顽疏。
> 茅屋四五间，一马二仆夫。
> 俸钱万六千，月给亦有余。
> 既无衣食牵，亦少人事拘。
> 遂使少年心，日日常晏如。
> 勿言无知己，躁静各有徒。
> 兰台七八人，出处与之俱。
> 旬时阻谈笑，旦夕望轩车。
> 谁能雠校间，解带卧吾庐。
> 窗前有竹玩，门外有酒沽。
> 何以待君子，数竿对一壶。

三年的时光过得很快。唐宪宗元和元年（806年）二月，白居易罢校书郎，此后何去何从，白居易早有打算。

元和元年四月，白居易参加了"才识兼茂明于体用科"。此次白居易依然和好友元稹同时参考，二人同科及第，可谓同乐。

才识兼茂明于体用科及第后，白居易被授盩厔县（今西安周至县）尉，好友元稹则留在京城任左拾遗。

第二章
勇闯长安：刚直坦率的仕途新贵

诗词欣赏

及第后归觐，留别诸同年

白居易

十年常苦学，一上谬成名。

擢第未为贵，贺亲方始荣。

时辈六七人，送我出帝城。

轩车动行色，丝管举离声。

得意减别恨，半酣轻远程。

翩翩马蹄疾，春日归乡情。

赏析

　　这首诗创作于白居易登进士科后，记述了进士及第后与同科进士告别返乡的情景。

　　首四句白居易写得很谦虚，也很清醒，十年寒窗苦读才换来一朝榜上有名的幸运，这样难能可贵的荣耀实在令人开心，不过更令人开心的是为家族争得荣光，一家人能在一起欢庆。

　　次四句写同科进士为白居易饯行的场景。及第后，与同科进士朝夕相处数日，虽然时间不长，但彼此建立了友谊，他们相约为白居易饯行，远行的马车就要走了，悠悠丝竹声中充满了离情。

　　末四句写归乡的喜悦之情。白居易虽不舍与同科进士别离，但好在此次回乡是报喜，而且与好友畅饮之后，离愁别恨与收获的喜悦相比，也就不显得那么浓稠了，快马加鞭，疾步赶路，归乡的心比马儿还要更早到家。

第二章
勇闯长安：刚直坦率的仕途新贵

白居易的这首诗言简意赅，语言轻快，让人读后能深切感受到白居易金榜题名和回乡的喜悦。

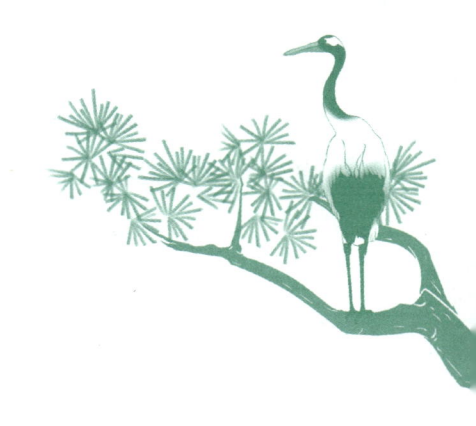

一见如故，惺惺相惜

白居易与元稹志同道合，惺惺相惜，世称"元白"。二人在生活、文学创作、仕途上相互扶持，成就了一段神仙友谊。

同科应考，一见如故

白居易与元稹的友谊始于风华正茂的青年时期，二人同时备考、同科应试、同时及第，彼此之间有着非常奇妙的缘分。

贞元十八年（802年）十一月，三十一岁的白居易与二十四岁的元稹在长安相识，二人一起备考吏部"拔萃科"考试。

元稹，字微之、威明，出生于洛阳（今河南洛阳），是唐朝著名的诗人、文学家、官员，官至宰相。元稹是一位少年天才，早在十五岁时就通过了明经考试，后到长安参加吏部书判"拔萃科"考试，与白居易相遇。

白居易与元稹，一个少年老成，一个富有朝气，二人都是满腹经纶之人，故而一见如故，成为至交好友。

经过近半年的共同备考，贞元十九年（803年）科举放榜，白居易与元稹同时榜上有名，又同时被授予校书郎。从彼此欣赏学识到谈诗论道，从同为考生到同朝为官，白居易与元稹相处、交心的机会越来越多，彼此"身名同日授，心事一言知"（《代书诗一百韵寄微之》）。

志同道合，惺惺相惜

相同的经历和志向，将白居易和元稹二人的命运紧密地联系在一起。

同任校书郎三年后，白居易和元稹再次一同备考，参加"才识兼茂明于体用科"考试，又双双及第。只不过此次及第后，元稹留在了京城，白居易则去了盩厔县。

此后人生数载，官场沉浮，白居易与元稹一直保持着书信往来。二人作诗相和，一同针砭时事，感慨百姓疾苦，抒发政治抱负，可谓

第二章
勇闯长安：刚直坦率的仕途新贵

志同道合，惺惺相惜。

彼此生活落魄时，对方会倾囊相助。元稹因母亲去世而在家丁忧期间，生活拮据，白居易为元母撰写墓志铭，并毫不犹豫地伸出援手帮助元稹；白居易生病落魄时，元稹也会慷慨解囊。白居易在《寄元九》一诗中就曾提到自己病重困顿之时，元稹虽被贬官在外，但仍三次倾囊相助的事情：

> 一病经四年，亲朋书信断。
> 穷通合易交，自笑知何晚。
> 元君在荆楚，去日唯云远。
> 彼独是何人，心如石不转。
> 忧我贫病身，书来唯劝勉。
> 上言少愁苦，下道加餐饭。
> 怜君为谪吏，穷薄家贫褊。
> 三寄衣食资，数盈二十万。
> 岂是贪衣食，感君心缱绻。
> 念我口中食，分君身上暖。
> 不因身病久，不因命多蹇。
> 平生亲友心，岂得知深浅。

仕途不顺时，白居易与元稹会互相安慰，并为对方鸣不平。元和十年（815年），元稹赴通州（今四川达州）司马任，到任后即写信向白居易报平安，白居易收到信后马上给元稹回信，作《得微之到官后书，备知通州之事，怅然有感，因成四章》，为元稹此次被贬不忿，并安慰元稹要注意身体、保持好心情：

> 人稀地僻医巫少，夏旱秋霖瘴疟多。
> 老去一身须爱惜，别来四体得如何？
> 侏儒饱笑东方朔，蕙茝谗忧马伏波。
> 莫遣沉愁结成病，时时一唱《濯缨歌》。

同年，白居易被贬赴江州（今江西九江）司马任，元稹此时正在病中，听到这个消息惊坐而起，气愤不过，又作诗《闻乐天授江州司马》抒怀：

> 残灯无焰影幢幢，此夕闻君谪九江。
> 垂死病中惊坐起，暗风吹雨入寒窗。

白居易与元稹的感情深厚，二人虽不在一处为官，但时常互通书信。正如白居易在《代书诗一百韵寄微之》一诗中所说，一旦下笔给元稹写信就文思泉涌，洋洋洒洒，难以停笔：

> 前事思如昨，中怀写向谁。
> 北村寻古柏，南宅访辛夷。
> 此日空搔首，何人共解颐。
> 病多知夜永，年长觉秋悲。
> 不饮长如醉，加餐亦似饥。
> 狂吟一千字，因使寄微之。

又如白居易在诗作《禁中夜作书与元九》中所说，与元稹贴心的话实在太多，以至从晚上写到天亮：

> 心绪万端书两纸，欲封重读意迟迟。
> 五声宫漏初鸣后，一点窗灯欲灭时。

而元稹收到白居易的信后，也常激动得难以自已，甚至落泪，正如其在《得乐天书》中所说：

> 远信入门先有泪，妻惊女哭问何如。
>
> 寻常不省曾如此，应是江州司马书。

白居易和元稹志趣相投、政见相同，在文学领域还一起倡导了新乐府运动，彼此一直是对方前进路上的支持者和拥护者。

"元白"二人的友谊真挚且深厚，这份友谊并没有因为时间和空间而消失，甚至一直流传至今，只要后人记得他们，他们的友谊就依然长存。

国民诗人 白居易
相逢何必曾相识

诗词欣赏

别元九后咏所怀

白居易

零落桐叶雨,萧条槿花风。

悠悠早秋意,生此幽闲中。

况与故人别,中怀正无悰。

勿云不相送,心到青门东。

相知岂在多,但问同不同。

同心一人去,坐觉长安空。

第二章
勇闯长安：刚直坦率的仕途新贵

赏析

元和元年（806年），白居易送别元稹，时值秋季，秋叶凋零，更增离愁，此诗正是在这样的背景下创作的。

首四句写秋景萧条。白居易与好友元稹即将分别了，心中悲伤，满眼看到的不是秋季丰收的喜悦，而是秋雨零落、花朵凋零的场景，可谓境由心生。

次四句写离愁别绪。就要和老朋友说再见了，心中再也不会快乐了，白居易希望老友不要说自己没有到青门相送，因为自己的心已经跟着好友远行了。

末四句写知己难得。白居易深知人生中心意相通、志趣相投的知己难求，如今元稹要离开京城了，他这一走，繁华的长安城也没了生趣，变得空荡荡的。

白居易与元稹从相识到成为挚友，时间虽然不长，但已经建立了深厚的友谊，因为一人离去，令一座城显得空荡，可见白居易对好友的依赖与不舍。

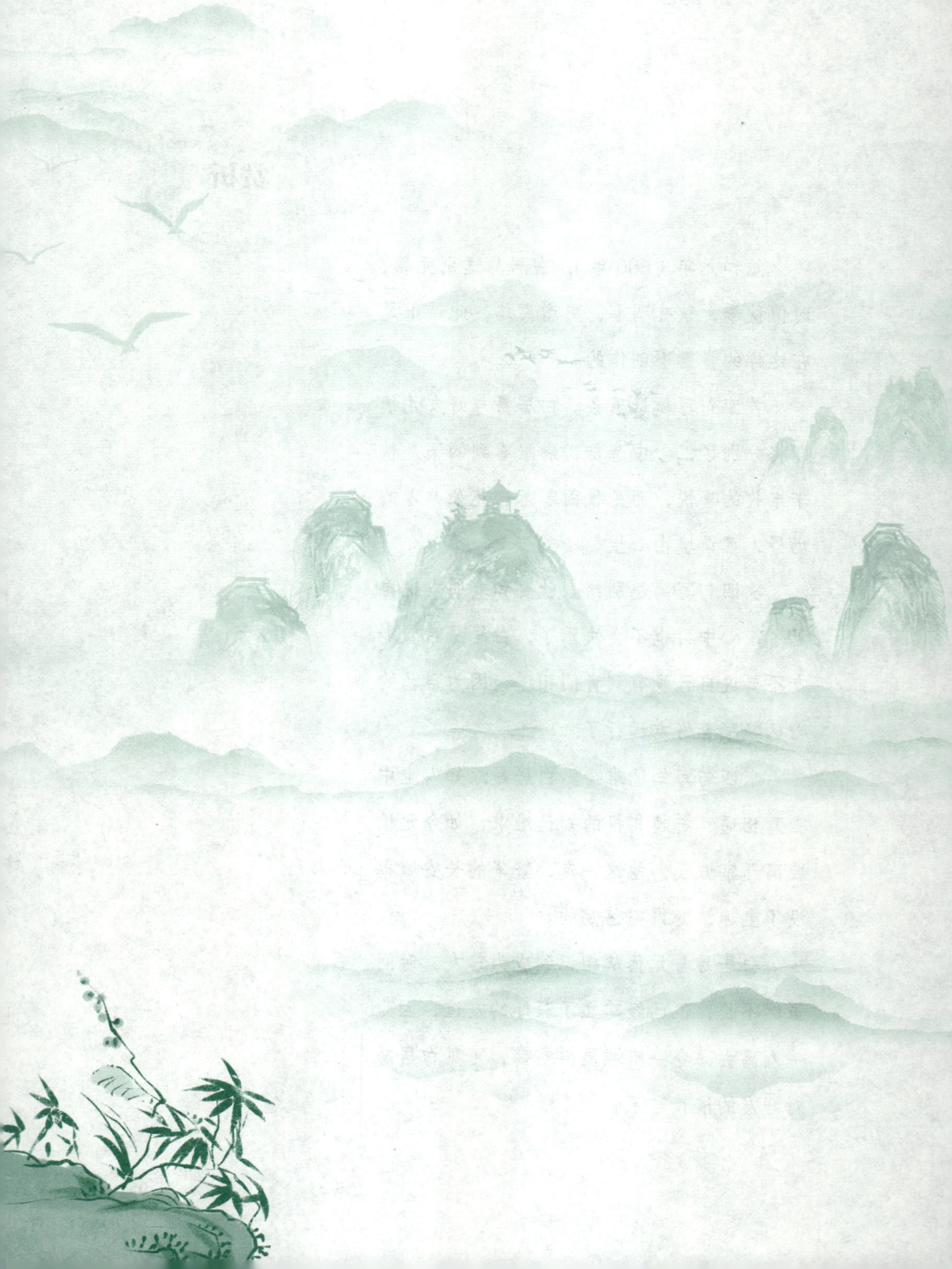

任盩厔尉，牵挂民生疾苦

元和元年（806年），白居易被授予盩厔（今西安周至县）尉（也称少府）。这次履职给了白居易深入了解百姓疾苦的机会，让白居易更加坚定了为民谋福的为官初心。

白居易所担任县尉之职，主要职责是辅佐县令，负责起草和缮写文书、分管赋税等职务。盩厔尉虽然官职低微、琐事较多，但每日与百姓打交道，也让白居易了解到了百姓生活的不易。

当时正值朝廷出兵讨伐四川叛将刘辟，盩厔县承担着筹备部分军需物资的任务，这些物资自然要举百姓之力，从百姓手中取得。而作为一个并不富裕的小县，盩厔县的百姓生活并不富裕，军需物资、朝廷赋税、官府盘剥等几座大山压在老百姓身上，百姓苦不堪言。

白居易将百姓沉重的负担都看在眼里,他不愿做一个盘剥百姓、为压榨百姓而逢迎趋走的小吏,但身在其位,又不得不直面上级分派的任务,这让白居易感到十分苦闷。

第二章
勇闯长安：刚直坦率的仕途新贵

诗词欣赏

观刈麦

白居易

田家少闲月，五月人倍忙。

夜来南风起，小麦覆陇黄。

妇姑荷箪食，童稚携壶浆，

相随饷田去，丁壮在南冈。

足蒸暑土气，背灼炎天光，

力尽不知热，但惜夏日长。

复有贫妇人，抱子在其旁，

右手秉遗穗，左臂悬敝筐。

听其相顾言，闻者为悲伤。

家田输税尽，拾此充饥肠。

国民诗人 白居易
相逢何必曾相识

今我何功德，曾不事农桑。

吏禄三百石，岁晏有余粮。

念此私自愧，尽日不能忘。

第二章
勇闯长安：刚直坦率的仕途新贵

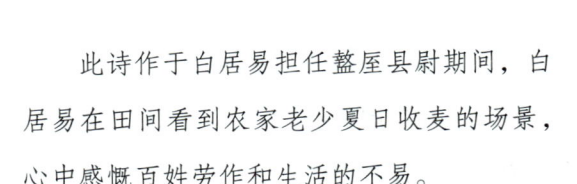

赏析

此诗作于白居易担任盩厔县尉期间，白居易在田间看到农家老少夏日收麦的场景，心中感慨百姓劳作和生活的不易。

首句至"家田"二句描写了农家生活的艰辛。一年四季，农户几乎没有清闲的时候，五月麦收时节尤其繁忙，老少妇孺在田间忙着收麦，炎炎夏日怎能不热呢？但还是担心麦子不够成熟而希望夏天再长一些。收来的粮食要上缴官府，还要靠卖田地来凑税钱，如今只能捡拾田间被遗落的麦穗来充饥，实在令人可悲可叹。

"今我"至末句是白居易内心的独白。自己为官，有俸禄在身，可以衣食无忧，可百姓的苦难实在是让人心痛和感到愧疚。

白居易对百姓生活疾苦的感受是深刻的，并且能直接指出造成百姓疾苦的原因是当时朝廷推行的"两税法"。朝廷按百姓家产多少抽调赋税，穷苦百姓家中贫寒，无钱可缴，只得卖物、卖地，再依靠富户家的高

利贷和土地租赁为生，贫富差距日益加剧。当时这样的情况非常普遍，白居易虽然知道百姓苦的根源所在，却无能为力，因此心中更觉愧疚。

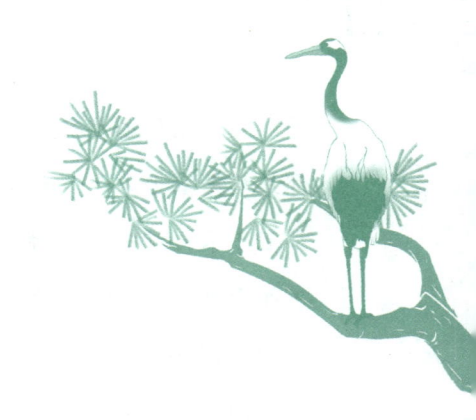

一诗封神，惊艳众生

白居易在盩厔县的工作是非常辛苦的，好在有同僚好友相伴，给了白居易些许安慰。

在盩厔县，白居易结交了李文略、王质夫、陈鸿、尹纵之等人，并成为好友。在公务不那么繁忙的时候，白居易就与好友一起出游散心。三五好友在一起饮酒谈心、讨论政事，为白居易枯燥、苦闷的县尉生活增添了不少乐趣。

相传，有一日，白居易受好友王质夫、陈鸿所邀，同游终南山仙游寺。山寺环境清幽，三人开怀畅饮，席上谈起安史之乱、唐玄宗与杨贵妃的爱情悲剧，王质夫、陈鸿便提议白居易以诗记史，白居易也早有此打算，随后创作《长恨歌》。陈鸿在《长恨歌传》中对此做了详细记载：

……元和元年冬十二月，太原白乐天自校书郎尉于盩厔，鸿与琅邪王质夫家于是邑。暇日相携游仙游寺，话及此事，相与感叹。质夫举酒于乐天前曰："夫希代之事，非遇出世之才润色之，则与时消没，不闻于世。乐天深于诗，多于情者也；试为歌之，如何？"乐天因为《长恨歌》……

白居易的《长恨歌》作成之后，王质夫、陈鸿二人捧读后欣喜不已，连抄手稿数份，迫不及待地要分享给其他好友。白居易的千古佳作《长恨歌》由此开始流传，不仅整个盩厔县在吟诵，更是传到了长安、传遍了全国，并传颂至今。

凭借《长恨歌》，白居易一诗封神。一时间，全国各地都在传颂这首名篇，对白居易的才情赞不绝口。白居易也从一个小小的盩厔县县尉成为名动京城的大诗人。

第二章
勇闯长安：刚直坦率的仕途新贵

诗词欣赏

长恨歌

白居易

汉皇重色思倾国，御宇多年求不得。

杨家有女初长成，养在深闺人未识。

天生丽质难自弃，一朝选在君王侧。

回眸一笑百媚生，六宫粉黛无颜色。

春寒赐浴华清池，温泉水滑洗凝脂。

侍儿扶起娇无力，始是新承恩泽时。

云鬓花颜金步摇，芙蓉帐暖度春宵。

春宵苦短日高起，从此君王不早朝。

承欢侍宴无闲暇，春从春游夜专夜。

后宫佳丽三千人，三千宠爱在一身。

金屋妆成娇侍夜，玉楼宴罢醉和春。

姊妹弟兄皆列土，可怜光彩生门户。

遂令天下父母心，不重生男重生女。

骊宫高处入青云，仙乐风飘处处闻。

缓歌慢舞凝丝竹，尽日君王看不足。

渔阳鼙鼓动地来，惊破《霓裳羽衣曲》。

九重城阙烟尘生，千乘万骑西南行。

翠华摇摇行复止，西出都门百余里。

六军不发无奈何，宛转蛾眉马前死。

花钿委地无人收，翠翘金雀玉搔头。

君王掩面救不得，回看血泪相和流。

黄埃散漫风萧索，云栈萦纡登剑阁。

峨嵋山下少人行，旌旗无光日色薄。

蜀江水碧蜀山青，圣主朝朝暮暮情。

行宫见月伤心色，夜雨闻铃肠断声。

天旋地转回龙驭，到此踌躇不能去。

马嵬坡下泥土中，不见玉颜空死处。

第二章
勇闯长安：刚直坦率的仕途新贵

君臣相顾尽沾衣，东望都门信马归。

归来池苑皆依旧，太液芙蓉未央柳。

芙蓉如面柳如眉，对此如何不泪垂？

春风桃李花开日，秋雨梧桐叶落时。

西宫南内多秋草，落叶满阶红不扫。

梨园弟子白发新，椒房阿监青娥老。

夕殿萤飞思悄然，孤灯挑尽未成眠。

迟迟钟鼓初长夜，耿耿星河欲曙天。

鸳鸯瓦冷霜华重，翡翠衾寒谁与共？

悠悠生死别经年，魂魄不曾来入梦。

临邛道士鸿都客，能以精诚致魂魄。

为感君王辗转思，遂教方士殷勤觅。

排云驭气奔如电，升天入地求之遍。

上穷碧落下黄泉，两处茫茫皆不见。

忽闻海上有仙山，山在虚无缥渺间。

楼阁玲珑五云起，其中绰约多仙子。

中有一人字太真，雪肤花貌参差是。

金阙西厢叩玉扃,转教小玉报双成。

闻道汉家天子使,九华帐里梦魂惊。

揽衣推枕起徘徊,珠箔银屏迤逦开。

云鬓半偏新睡觉,花冠不整下堂来。

风吹仙袂飘飖举,犹似《霓裳羽衣舞》。

玉容寂寞泪阑干,梨花一枝春带雨。

含情凝睇谢君王,一别音容两渺茫。

昭阳殿里恩爱绝,蓬莱宫中日月长。

回头下望人寰处,不见长安见尘雾。

惟将旧物表深情,钿合金钗寄将去。

钗留一股合一扇,钗擘黄金合分钿。

但令心似金钿坚,天上人间会相见。

临别殷勤重寄词,词中有誓两心知。

七月七日长生殿,夜半无人私语时。

在天愿作比翼鸟,在地愿为连理枝。

天长地久有时尽,此恨绵绵无绝期。

第二章
勇闯长安：刚直坦率的仕途新贵

赏析

这首诗创作于白居易在盩厔县任县尉期间，当时白居易与好友王质夫、陈鸿游终南山仙游寺，于寺中彻夜创作而成。

《长恨歌》是一首长篇叙事诗，以唐玄宗和杨贵妃的爱情悲剧为主要线索，描写了帝王纵情享乐、不问政事，最终酿成安史之乱，导致国家战乱、爱人死别的悲剧。

首句至"缓歌"二句，叙述了唐玄宗与杨贵妃的相识、相恋、相处的故事。杨贵妃天生丽质，被选入宫后深得唐玄宗的喜爱，二人整日沉醉于歌舞宴饮中。杨贵妃一人得宠，全家跟着享受荣华富贵，至此，皇帝懒政、权贵奢靡成风，世间百姓也被误导，喜女厌儿，以求荣华。

"渔阳"至"悠悠"二句，叙述了安史之乱爆发，杨贵妃被迫自缢的经过。统治阶级生活奢靡、政治腐败、宦官干政，这一切最终导致了安史之乱的爆发。战乱打破了帝王和贵妃继续享乐的美梦，天子仓皇出逃，贵妃玉殒香消,生离死别催人肠断。战乱平定,天子回返,马嵬坡下香囊犹在,却再不见玉颜生还。长安宫苑处处凄凉,当年的梨园子弟已生白发,后宫美人年老色衰,漫漫长夜无人陪伴,梦中也不曾与贵妃相见,写尽玄宗孤独与凄凉的处境。

"临邛"至诗的末尾,写道士帮唐玄宗寻找杨贵妃。杨贵妃身在仙山,虽不能与唐玄宗相见,但心中仍对唐玄宗一片深情,她托物寄词,回应唐玄宗对她的思念,相爱而不复相见的遗憾,化作对来世同为比翼鸟和连理枝的期盼,爱情主题得到了升华。

这首诗用丰富的想象力和浪漫主义手法勾勒出唐玄宗与杨贵妃的爱情故事和艺术形象,同时也借昔讽今,希望统治阶级不要腐败、懒政误国。

全诗叙事和抒情相结合,语言精练、情真意切,有人猜测白居易在作这首诗时,或许也将自己与湘灵的爱情悲剧代入其中,故

第二章
勇闯长安：刚直坦率的仕途新贵

而才写得如此情意绵绵、感情真挚。诗中的"回眸一笑百媚生，六宫粉黛无颜色""悠悠生死别经年，魂魄不曾来入梦""此恨绵绵无绝期"等均为名句，被后世传颂。

喜结连理，相携共余生

白居易在盩厔县尉任上时，曾到长安看望好友元稹，此时他的《长恨歌》传遍长安城，名声大噪，因此此行在长安结识了不少好友，其中包括京城名流杨汝士、杨虞卿。

元和二年（807年），白居易被选拔为进士考官，带县尉职赴任，后不久又被授予翰林学士，得以常住京城。其间，白居易与杨汝士、杨虞卿等人的交往日益密切，常应邀到杨家赴宴聚会，并留宿杨家，由此认识了杨汝士的胞妹、杨虞卿的从妹杨氏。

杨氏出身名门望族，且为人善良，品貌端正，与白居易可谓郎才女貌。在好友的撮合和双方家长的支持下，白居易与杨氏互生情愫，二人的婚事很快定了下来。

元和三年（808年），白居易与杨氏成婚，新婚之夜，白居易写下一首《赠内》，表达了自己与夫人携手共度余生的心愿：

　　生为同室亲，死为同穴尘。
　　他人尚相勉，而况我与君。
　　黔娄固穷士，妻贤忘其贫。
　　冀缺一农夫，妻敬俨如宾。
　　陶潜不营生，翟氏自爨薪。
　　梁鸿不肯仕，孟光甘布裙。
　　君虽不读书，此事耳亦闻。
　　至此千载后，传是何如人。
　　人生未死间，不能忘其身。
　　所须者衣食，不过饱与温。
　　蔬食足充饥，何必膏粱珍。
　　缯絮足御寒，何必锦绣文。
　　君家有贻训，清白遗子孙。
　　我亦贞苦士，与君新结婚。
　　庶保贫与素，偕老同欣欣。

　　白居易的这首诗并没有浪漫、多情的词句，更多的是直白的告诫，用平实的话语表达了自己的人生志向，以及对自己日后家常生活的憧憬与描述。白居易直抒胸臆，表示自己不求显达富贵，只求衣食无忧，希望能与妻子举案齐眉、平平淡淡相扶到老。

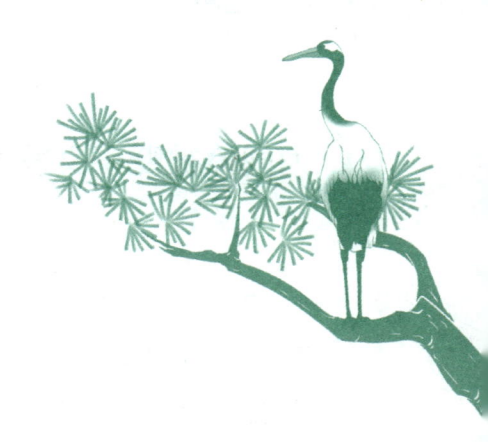

迁左拾遗，不惧权贵，直言进谏

元和三年（808年）对于白居易来说是双喜临门之年，任左拾遗、迎娶杨氏。成婚后的白居易住在长安新昌里，有了夫人帮助自己操持家务，成家立业的白居易便可一心扑在为民请命、为朝廷进言上了。

左拾遗为谏官，隶属古代谏诤机构（类似监察机构），主要负责对皇帝的决策进行查漏补缺、捡拾皇帝决策的遗失（失误），帮助朝廷完善决策，发挥建言献策的作用。

白居易是个耿直的官员，面对不公、不妥的事情，向来不惧权贵，直言进谏。

为同僚被贬正义发声

元和三年（808年），在策试贤良方正能直言极谏科的考试中，有考生皇甫湜、李宗闵等在考试中直陈时弊，考官裴垍、王涯等人认为这些考生忧国忧民、敢于直言，给予了极大的肯定和较高的成绩。但这样的谏言和行为却被宰相李吉甫认为言过其实、危言耸听，并因此给考官安上了徇私舞弊、包庇考生的罪名。之后，裴垍、王涯等人相继被贬。白居易听说此事后上书《论制科人状》，为被贬的官员申诉冤屈、据理力争：

……臣昨在院与裴垍、王涯等覆策之时，日奉宣令臣等精意考覆。臣上不敢负恩，下不忍负心，唯秉至公，以为取舍，虽有仇怨不敢弃之，虽有亲故不敢避之，唯求直言以副圣意。故皇甫湜虽是王涯外甥，以其言直合取，涯亦不敢以私嫌自避，当时有状，具以陈奏……

白居易言辞恳切地说明了自己与裴垍、王涯等人一同担任对策考官的事情，表明秉公执政的事实，指出大家绝不会以私人仇怨而摒弃贤良之才，也不会依仗"皇甫湜是王涯外甥"的亲属关系而徇私舞弊，选拔考生的依据确实是他们言直合取。

白居易认为，不但不应该贬黜裴垍、王涯等人，还应肯定他们任人唯贤。白居易还进一步反问，如果不能免除不公正的惩罚，那干脆就一并惩罚所有考官。如此耿直、大胆地直言，足见白居易的坚守正义、刚正不阿。

第二章
勇闯长安：刚直坦率的仕途新贵

为国家兴衰直言不讳

白居易向来反对朝廷懒政、腐败，这一点早在其担任校书郎期间所作的《策林·人之困穷由君之奢欲》一文中就强调过。白居易认为百姓苦乐、国家兴衰的根源在于皇帝，皇帝应做好榜样，不应有奢欲，否则上行下效，国家就不会安定。

任左拾遗期间，白居易听说有大臣向皇帝进奉各种精美银器，就呈奏章《论裴均进奉银器状》请皇帝严以律己、为不兴奢靡之风做好表率：

……未经旬月之间，裴均便先进银器。诚有此事，深损圣德。……臣闻众议皆云，裴均性本贪残，动多邪巧，每假进奉，广有诛求。料其深心，不愿停罢，必恐即日修表，倍程进来，欲试朝廷，尝其可否。何者？前月三日降德音，准诸道进奏院报事例，不过四五日，即裴均合知，至二十六日进物方到，以此详察，足见奸情。今若便容，果落邪计。况一处如此，则远近皆知，臣恐诸道依前，从此不守法度。则是陛下明降制旨，又自弃之，何以制驭四方，何以取信天下？……

后来，唐宪宗准了白居易的奏章，将裴均所进奉的银器封存了起来。

为百姓疾苦仗义执言

白居易心中时刻关心百姓疾苦，普通百姓的生活境况一直牢牢牵动着白居易的心。

元和四年（809年），逢江淮、关中一带大旱，农作物歉收，灾区民不聊生，但此时官府仍向百姓强行征收赋税，白居易上书请求朝廷减免赋税。可惜减免赋税的诏书的颁发速度赶不上官吏剥削的速度，农民仍被剥削殆尽，白居易"伤农夫之困"，作《杜陵叟》一诗，痛斥官吏盘剥百姓，与豺狼无异：

…………

剥我身上帛，夺我口中粟；

虐人害物即豺狼，何必钩爪锯牙食人肉！

不知何人奏皇帝，帝心恻隐知人弊；

白麻纸上书德音，京畿尽放今年税。

昨日里胥方到门，手持敕牒榜乡村。

十家租税九家毕，虚受吾君蠲免恩。

白居易任左拾遗期间，笔耕不辍，屡陈时政，为朝廷建言献策。在任期间，提出了不少利国利民的可行性措施，可以说是一位非常合格的、忧国忧民的谏官。

第二章
勇闯长安：刚直坦率的仕途新贵

诗词欣赏

李都尉古剑

白居易

古剑寒黯黯，铸来几千秋。

白光纳日月，紫气排斗牛。

有客借一观，爱之不敢求。

湛然玉匣中，秋水澄不流。

至宝有本性，精刚无与俦。

可使寸寸折，不能绕指柔。

愿快直士心，将断佞臣头。

不愿报小怨，夜半刺私仇。

劝君慎所用，无作神兵羞。

赏析

这首诗创作于白居易任左拾遗期间。白居易在诗中将谏言职权比作宝剑，认为谏官应善于利剑出鞘，不畏权贵。

"古剑"至"湛然"二句，描写了宝剑的可贵。宝剑历经千年，依旧锋芒不减，静静地置于匣中，散发出清澈如水的光芒。

"至宝"至"愿快"二句，说明了宝剑自有精纯、坚刚的本性。人们可以折断宝剑，但不能使宝剑绕指弯柔（曲意逢迎），在这里白居易希望宝剑的主人能成为正直的人，可以斩杀奸佞。

"不愿"至诗末，是劝诫之句，白居易希望宝剑的主人要谨慎使用宝剑（喻谏言职权），不要让宝剑蒙尘，不要浪费利器的功用，切勿用宝剑解决私人恩怨。

这首诗是白居易托物寄兴、自述心志之作，他希望包括自己在内的谏官，都能不畏强权、不徇私枉法，真正行使好谏官的职责，为国家大事尽忠尽责。

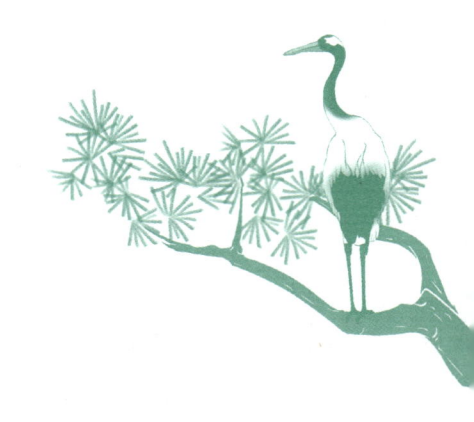

振臂一呼，力主诗坛革新

元和年间，统治者有改革之心，白居易等敢于谏言者被破格重用，政坛和文坛都迎来一股新风。

包括白居易、元稹在内的文人，具有较高的文学修养，对朝廷宦官擅权、赋税繁重等腐败之象深恶痛绝，笔杆子就成为他们参政的有力武器。

白居易领衔新乐府运动，成为诗坛革新的领军人物。这一时期的革新与他之后所提倡的"文章合为时而著，歌诗合为事而作"的口号是一致的，白居易认为，诗文应"致用"，而不是附庸风雅。

白居易力求继承汉乐府"缘事而发"的现实主义精神，用文字揭露和批判现实，改良政治，创作了一大批乐府诗。这些乐府诗不以入乐为标准，在形式上力求突破和灵活，但文学本质仍是乐府，故称

"新乐府"。

白居易的诗坛革新以自创的五十首《新乐府》组诗为代表。他在自作序言中提到,新乐府"不为文而作也",而是"为君、为臣、为民、为物、为事而作"。后人耳熟能详的《捕蝗》《杜陵叟》《卖炭翁》《天可度》《黑谭龙》等,均在其中。

在五十首《新乐府》组诗中,白居易用直白、写实的文字记录了当下的社会现状,用批判的眼光来审视社会,涉及政治、经济、军事等各个方面。这些创新诗作不仅是文学创举,更对当政者了解社会现状具有重要参考和警示意义。

第三章

沦落天涯：青衫落魄的江州司马

人的一生从来都不是一帆风顺的。人至中年仕途正顺的白居易连遭意外，母亲坠亡、爱女病逝，亲人的离去让白居易备受打击。丁忧期满返回朝中后，白居易得了个无谏政之权的东宫闲官，但生性敢言直谏的白居易终因忍不住仗义上书而遭到谪贬，此后青衫落魄、闲居江州。

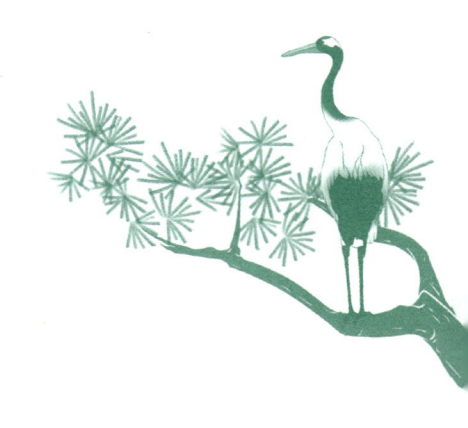

母亲辞世，丁忧故里

元和六年（811年），春末夏初，白居易的母亲意外坠井身亡，白居易悲痛不已。按照唐朝礼制，白居易与白行简兄弟二人停职丁忧，护送亡母灵柩回到故里下邽县安葬。

白居易的母亲陈氏生育了白居易、白行简、白幼美（夭折）三兄弟，白母一生操劳，在经历丧子和丧夫之痛后，身体和精神状况每况愈下，唐代文人高彦休所著《唐阙史》中记载：

薛给事存诚曰："某所居与白邻，闻其母久苦心疾，叫呼往往达于邻里。"

白母患有心疾，类似现在的精神疾病，常年需要专人陪护。白居易曾多次为母亲求医问药，却不见好转，最终还是发生了意外。

母亲去世后，白居易去官还乡，夜间听见慈乌悲啼，联想到乌鸦

反哺，而自己已再无赡养母亲的机会，丧母之痛更深，悲吟一首《慈乌夜啼》悼念亡母：

慈乌失其母，哑哑吐哀音。
昼夜不飞去，经年守故林。
夜夜夜半啼，闻者为沾襟。
声中如告诉，未尽反哺心。
百鸟岂无母，尔独哀怨深。
应是母慈重，使尔悲不任。
昔有吴起者，母殁丧不临。
嗟哉斯徒辈，其心不如禽。
慈乌复慈乌，鸟中之曾参。

　　白居易以慈乌自喻，写慈母恩情深重，可是自己却"未尽反哺心"。白母教导白居易读书识字，如今白居易熬过多年苦读后终于入仕大展鸿图，正该是白母颐养天年之际，可是"子欲养而亲不待"，白居易又怎能不感到惋惜和悲痛呢？

幼女病故，泣尽双眸昏

白居易丁忧期间，他最疼爱的女儿金銮子因为生病而夭折。母亲和女儿的相继离世，几乎击垮了白居易。

金銮子是白居易和妻子杨氏所生育的第一个孩子，深得白居易的喜爱。白居易曾在金銮子一周岁生日时，专门为金銮子作了一首诗《金銮子晬日》：

> 行年欲四十，有女曰金銮。
> 生来始周岁，学坐未能言。
> 惭非达者怀，未免俗情怜。
> 从此累身外，徒云慰目前。
> 若无夭折患，则有婚嫁牵。
> 使我归山计，应迟十五年。

白居易自述，自己四十岁才老来得女，女儿周岁时刚刚学会坐，还没有学会说话，生活不称心如意，总让人充满各种忧虑。不过为了女儿的健康成长自己应该珍惜当下，努力生活，如果不出任何意外的话，自己会等女儿婚嫁后再归隐山林。可见，女儿已经成为白居易生活中的重要精神支柱。

可惜的是，天不遂人愿，金銮子三岁时生了一场大病，之后不久便离开人世。女儿的突然离世，让白居易几乎一病不起，他在病中食不甘味、日夜悲泣：

四十未为老，忧伤早衰恶。
前岁二毛生，今年一齿落。
形骸日损耗，心事同萧索。
夜寝与朝餐，其间味亦薄。
同岁崔舍人，容光方灼灼。
始知年与貌，衰盛随忧乐。
畏老老转迫，忧病病弥缚。
不畏复不忧，是除老病药。
朝哭心所爱，暮哭心所亲。
亲爱零落尽，安用身独存。
几许平生欢，无限骨肉恩。
结为肠间痛，聚作鼻头辛。
悲来四支缓，泣尽双眸昏。
所以年四十，心如七十人。

——《自觉二首》（节选）

第三章
沦落天涯：青衫落魄的江州司马

女儿的去世让白居易早生白发、容颜苍老，他日夜悲伤、精神不振，整个人悲伤到行动迟缓、双眼昏花。四十岁的人竟苍老得如同七十岁的人，一时间衰老了三十年，可见金銮子的去世对白居易的打击之大。

白居易迟迟难以从丧女之痛中走出来，又作《病中哭金銮子》一诗写自己梦见女儿，从梦中痛哭惊醒。后来又遇到女儿的乳母，故人相见，悲从中来，又作《念金銮子二首》怀念女儿。对于白居易来说，这种骨肉分离之痛，永难忘怀。

国民诗人 白居易
相逢何必曾相识

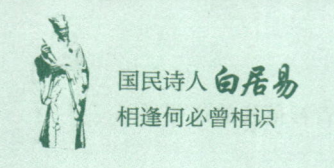

诗词欣赏

病中哭金銮子

白居易

岂料吾方病,翻悲汝不全。

卧惊从枕上,扶哭就灯前。

有女诚为累,无儿岂免怜。

病来才十日,养得已三年。

慈泪随声迸,悲肠遇物牵。

故衣犹架上,残药尚头边。

送出深村巷,看封小墓田。

莫言三里地,此别是终天。

第三章
沦落天涯：青衫落魄的江州司马

赏析

此诗为白居易怀念夭折的女儿金銮子所作。

首八句写育儿艰辛、丧女之痛。辛辛苦苦养育三年，却被一场急病带走，诗人实在难以接受这个事实，却也只能在病中梦到女儿。

末八句写物是人非、天人两隔。诗人悲痛难以自已，时常从梦中因悲痛而惊醒，女儿的衣服还挂在架子上，没喝完的药还在，可是女儿却已经在三里外的小墓田长眠了，女儿的墓地离家并不远，可是却已经天人两隔，再无见面之日了。

整体来看，这首诗通俗易懂，娓娓道来，但丧女之痛如浪涛滚滚而来，无法退去。女儿去世后，环顾四周，物是人非，天人两隔，白发人送黑发人的心痛令人闻之落泪。

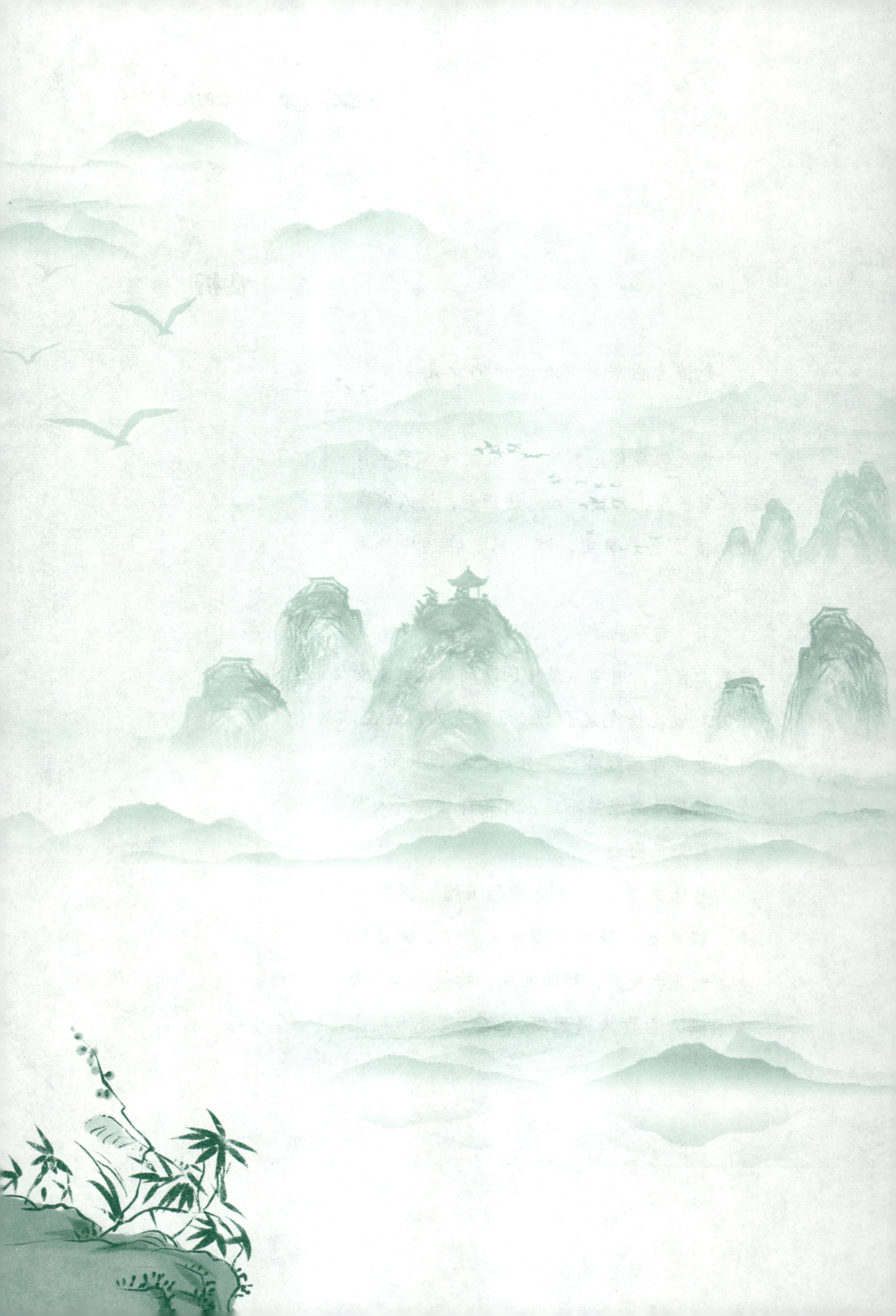

再入长安,做个"冷官"

时光如梭,一转眼白居易丁忧三年期已满。临近第四年时,白居易终于等来朝廷重新起用的诏令。

元和九年(814年)冬,朝廷的诏令传来,白居易被授予赞善大夫。接到诏令的白居易告别故里,返回京城。

赞善大夫是唐朝时期专门负责劝导太子言行的官员,官居五品,是个闲职。关于该官职,《新唐书》中记载:"正五品上:掌传令,讽过失,赞礼仪,以经教授诸郡王。"

远离官场数年后丁忧复官,能得到这样的任命,对于一般人来说再好不过了,但是对白居易来说并非如此。在白居易看来,赞善大夫是个"冷官",十分无聊,用白居易自己的话来说:"一种共君官职冷,不如犹得日高眠。"

白居易所任赞善大夫是太子属官，按唐律，担任此官职者，不得参谏朝政，而这一不得参谏的规定也为日后白居易僭越上书被贬埋下伏笔。

第三章
沦落天涯：青衫落魄的江州司马

诗词欣赏

初授赞善大夫早朝寄李二十助教

白居易

病身初谒青宫日，衰貌新垂白发年。

寂寞曹司非熟地，萧条风雪是寒天。

远坊早起常侵鼓，瘦马行迟苦费鞭。

一种共君官职冷，不如犹得日高眠。

赏析

此诗作于白居易丁忧期满回京后，在长安出任赞善大夫时。这是一首朋友之间抒发牢骚的诗，诗题目中的"李二十助教"是指诗人的同僚兼好友李绅。

首四句诗人谈及自己拖着病体被授青宫（东宫别称）闲职，容颜已老，白发不断长出来，自己新授的职务在一个寂寞的地方，事情比较少，就像冬日的寒风，尽显萧条。

次四句，诗人表达了对新授官职的"不满"。诗人提到，由于任职的地方比较远，自己每天早早地起床，路上能听见晨鼓的声音，可是只有一匹瘦骨嶙峋的马可以骑，马儿跑不快，需要反复挥鞭驱赶，可到了青宫也没有多少事情可做，又何必起这么早呢，还不如多睡一会儿呢。

这首诗表达了白居易怀才不遇的心情。赞善大夫一职虽为官清闲，俸禄不低，却无法对朝廷建言献策，对于忧国忧民的白居易来说，自然心中感到非常苦闷。

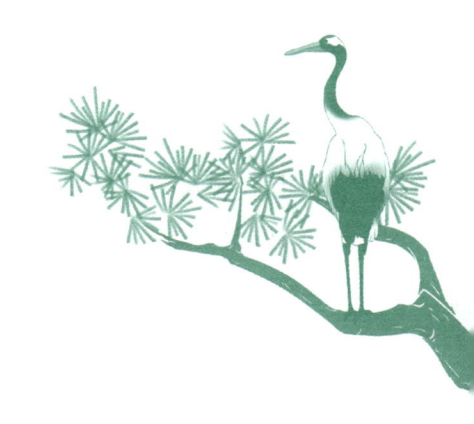

仗义上书，反遭谪贬

与白居易闲坐东宫不同，朝堂之上，各种问题和纷争不断，旧官僚、宦官集团、进士集团，各方势力剑拔弩张；地方上，藩镇割据，节度使拥兵自重，与朝廷的对抗势头日盛。

元和十年（815年）夏日的一天，主张加强中央集权、打压藩镇势力的宰相武元衡和御史中丞裴度在上朝的途中，意外遭遇刺客暗杀，一死一伤，此事震惊朝野，但无人敢站出来主张深究，各方势力都在观望。

朝廷重臣在京城当街被害，这一消息传到东宫时，白居易为之震惊。在他看来，堂堂大唐，怎么可以允许这样的事情发生，于是便顾不得赞善大夫"不得参谏"的律例，愤而上奏，请求严惩恶贼。

白居易的上奏并无私心，也不是一时冲动，而是从大局出发的仗义之举。但在那些早就看白居易不顺眼的人看来,这无疑是一个打击白居易的好机会,他们说白居易这是越职言事,还拿出白居易昔日的诗作做文章,诬陷白居易有不孝之罪。迫于舆论压力,唐宪宗最终还是下发了贬谪白居易的诏书,先贬为江州(今江西九江)刺史,又改江州司马。

第三章

沦落天涯：青衫落魄的江州司马

诗词欣赏

登郢州白雪楼

白居易

白雪楼中一望乡，青山簇簇水茫茫。

朝来渡口逢京使，说道烟尘近洛阳。

赏析

该诗是白居易自赞善大夫贬为江州司马,从京城奔赴江州的途中路过鄂州时所作。

"白雪"二句写诗人对家乡的思念。白雪楼是鄂州的一座高楼,诗人登上高耸的白雪楼远眺家乡,但是映入眼帘的是一簇簇的青山、白茫茫的江水,哪里能看得到家乡呢。诗人在这里表达自己离家乡越来越远,思乡却不见乡,思乡情浓。

"朝来"二句写诗人对故乡的担忧。时值淮西战乱,诗人早上在渡口遇到了从京城来的使者,使者说战火已经快接近洛阳了,这令诗人十分担忧。诗人曾在洛阳生活多年,对洛阳有着不可割舍的情感,视洛阳为故乡。

本诗言简意赅,字里行间写景、叙事,并无一字写情,却能让人读出词句背后的浓浓情感和愁绪。

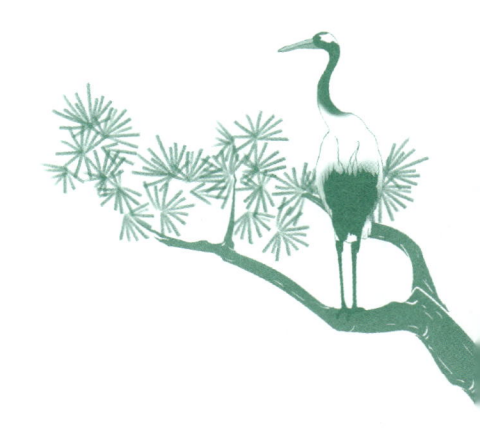

闲居江州，寄情诗酒

白居易风尘仆仆地从京城长安奔赴江州。好在江州并非蛮荒之地，此地官员也都非常和善，加上江州司马任上并无多少事务需要处理，白居易得以远离朝廷纷争，过了一段相对清闲的生活。

探讨诗歌，编集十五卷

白居易在江州时，公务不忙，与好友元稹的书信往来就更多了些，二人互诉友情、讨论诗文。

一日，白居易又收到元稹的来信，即《叙诗寄乐天书》，元稹在

来信所写散文中聊到自己将所作诗文大体分成十个类别，整理成卷：

……仆因撰成卷轴。其中有旨意可观，而词近古往者，为古讽；意亦可观，而流在乐府者，为乐讽；词虽近古，而止于吟写性情者，为古体；词实乐流，而止于模象物色者，为新题乐府；声势沿顺，属对稳切者，为律诗，仍以七言、五言为两体；其中有稍存寄兴，与讽为流者，为律讽；不幸少有伉俪之悲，抚存感往，成数十诗，取潘子《悼亡》为题；又有以干教化者，近世妇人，晕淡眉目，绾约头鬟，衣服修广之度，及匹配色泽，尤剧怪艳，因为艳诗百余首，词有古、今，又两体。自十六时，至是元和七年矣，已有诗八百余首，色类相从，共成十体，凡二十卷。

元稹对诗歌的思考引起了白居易的重视，于是他将自己对诗歌创作的思考系统记录下来，写成《与元九书》一文寄给元稹。

在《与元九书》中，白居易提到，自己历来重视对诗文的研究，随着年龄的增长和阅历的增多，更加深刻地认识到，写作文章应关注时事，为现实而作："自登朝来，年齿渐长，阅事渐多，每与人言，多询时务；每读书史，多求理道，始知文章合为时而著，歌诗合为事而作。"

针对元稹对诗歌的十个分类，白居易也提出了自己的观点，他认为，按照自己目前所整理的诗歌来看，可以将其分为四类，即讽谕诗、闲适诗、感伤诗、杂律诗：

自拾遗来，凡所遇所感，关于美刺兴比者，又自武德迄元和，因事立题，题为《新乐府》者，共一百五十首，谓之讽谕诗。又或退公独处，或移病闲居知足保和，吟玩情性者一百首，谓之闲适诗。又有

第三章
沦落天涯：青衫落魄的江州司马

事物牵于外，情理动于内，随感遇而形于叹咏者一百首，谓之感伤诗。又有五言、七言、长句、绝句，自一百韵至两韵者四百余首，谓之杂律诗。凡为十五卷，约八百首。

得益于与元稹关于诗歌的讨论，同时趁在江州司马任上有闲余时间，白居易将以往所作的诗歌系统整理成卷。而这一举措对于白居易诗歌的后世流传与研究意义重大。

白居易决定日后与元稹相见时一定将整理的诗集送给元稹。白居易另写诗记录自己的诗集编成，并戏赠好友元稹、李绅：

一篇长恨有风情，十首秦吟近正声。

每被老元偷格律，苦教短李伏歌行。

世间富贵应无分，身后文章合有名。

莫怪气粗言语大，新排十五卷诗成。

——《编集拙诗成一十五卷，因题卷末，戏赠元九、李二十》

好友相伴，赌酒到天明

对于贬谪江州，白居易虽心中不平，倒也能以平常心看待，他知道历代众多文人名士皆曾遭遇困顿，"如陈子昂、杜甫，各授一拾遗，而屯剥至死。李白、孟浩然辈不及一命，穷悴终身。近日孟郊六十，终试协律；张籍五十，未离一太祝。"（《与元九书》）自己虽然被贬江州，但是衣食无忧，还能供养家人，对此十分知足。

国民诗人 白居易
相逢何必曾相识

在江州,白居易除了与故友互通书信,也交到了一些新朋友,刘十九就是其中之一。在不为君主重用,苦闷不已时,幸好还有好友刘十九相陪。白居易与刘十九彻夜下棋、饮酒,求得一时欢乐:

红旗破贼非吾事,黄纸除书无我名。

唯共嵩阳刘处士,围棋赌酒到天明。

——《刘十九同宿》

后来,白居易时常怀念好友刘十九,并写下一首风格清丽、为后世耳熟能详的诗:

绿蚁新醅酒,红泥小火炉。

晚来天欲雪,能饮一杯无?

——《问刘十九》

第三章
沦落天涯：青衫落魄的江州司马

诗词欣赏

题浔阳楼

白居易

常爱陶彭泽，文思何高玄。

又怪韦江州，诗情亦清闲。

今朝登此楼，有以知其然。

大江寒见底，匡山青倚天。

深夜溢浦月，平旦炉峰烟。

清辉与灵气，日夕供文篇。

我无二人才，孰为来其间？

因高偶成句，俯仰愧江山。

赏析

此诗为白居易在江州司马任上所作。

"常爱"四句是诗人的自我提问。陶渊明和韦应物都是诗人所追慕的文人,诗人很是疑惑,他们是如何写出境界高妙、清闲的诗句的。

"今朝"八句是诗人的自我解惑。诗人认为是江州的山水美景成就了陶渊明和韦应物的创作,这是诗人登浔阳楼,根据眼前所见得出的答案。站在浔阳楼上远眺,江水凄寒,清澈见底,匡山青翠,高耸入天。夜晚,皎洁的月光铺在溢浦江面上,清晨,太阳照耀下的香炉峰云烟缭绕,正是这样的美景才引得陶渊明和韦应物写下那样绝妙的文章。

"我无"四句是诗人的自谦、自省。诗人认为自己的才情不够,佳句偶成,实在愧对江山美景,实际是暗喻自己不能为江山社稷贡献一己之力。

第三章
沦落天涯：青衫落魄的江州司马

这首诗中诗人借对古人文采的思索，及对自己能力不够的自谦，来赞叹江州河山的美好。全诗语言平易质朴，意境开阔，意蕴深厚，极富感染力。

江州司马遇知音

元和十一年（816年）的秋天，秋风萧瑟，白居易到溢浦江（在浔阳江的上游）边送别友人。主客道别之际，忽然听到江中一条小船上传来幽怨动人的琵琶声，旋律铮铮，似乎弹奏的是京城的曲调。白居易和友人好奇，便登船相问，原来是自京城漂泊至此的歌伎。白居易感怀其身世，二人同病相怜，视为知音。

白居易被贬为江州司马，距离京城两千余里，在江州能遇到同样来自长安的人何其偶然，更何况二人的命运还如此相似。

在交谈过程中，白居易了解到江中船上的歌伎曾"名属教坊第一部"，因年长色衰，嫁给商人，如今漂泊在船上，实在可怜。白居易联想到自己也正如这歌伎一般，曾经为朝堂重臣，如今被贬谪在外，心中"迁谪意"浓，更觉两人"同是天涯沦落人"。白居易以诗赠予

国民诗人 白居易
相逢何必曾相识

歌伎，一首《琵琶行》写尽人间悲欢离合，流传千古。

歌伎的琵琶技艺高超精妙，歌伎的生平遭遇令人怜惜，而白居易与歌伎的命运亦有相通之处，一曲唱罢，"江州司马青衫湿"，恐怕歌伎心中的苦楚也只有白居易才能感同身受。

第三章
沦落天涯：青衫落魄的江州司马

诗词欣赏

琵琶行

白居易

元和十年，予左迁九江郡司马。明年秋，送客湓浦口，闻舟中夜弹琵琶者，听其音，铮铮然有京都声。问其人，本长安倡女，尝学琵琶于穆、曹二善才，年长色衰，委身为贾人妇。遂命酒，使快弹数曲。曲罢悯然。自叙少小时欢乐事，今漂沦憔悴，转徙于江湖间。予出官二年，恬然自安，感斯人言，是夕始觉有迁谪意。因为长句，歌以赠之，凡六百一十六言，命曰《琵琶行》。

浔阳江头夜送客，枫叶荻花秋瑟瑟。

主人下马客在船，举酒欲饮无管弦。

醉不成欢惨将别，别时茫茫江浸月。

忽闻水上琵琶声，主人忘归客不发。

寻声暗问弹者谁？琵琶声停欲语迟。

移船相近邀相见，添酒回灯重开宴。

千呼万唤始出来，犹抱琵琶半遮面。

转轴拨弦三两声，未成曲调先有情。

弦弦掩抑声声思，似诉平生不得志。

低眉信手续续弹，说尽心中无限事。

轻拢慢捻抹复挑，初为《霓裳》后《六幺》。

大弦嘈嘈如急雨，小弦切切如私语。

嘈嘈切切错杂弹，大珠小珠落玉盘。

间关莺语花底滑，幽咽泉流冰下难。

冰泉冷涩弦凝绝，凝绝不通声暂歇。

别有幽愁暗恨生，此时无声胜有声。

银瓶乍破水浆迸，铁骑突出刀枪鸣。

曲终收拨当心画，四弦一声如裂帛。

东船西舫悄无言，唯见江心秋月白。

第三章
沦落天涯：青衫落魄的江州司马

沉吟放拨插弦中，整顿衣裳起敛容。

自言本是京城女，家在虾蟆陵下住。

十三学得琵琶成，名属教坊第一部。

曲罢曾教善才伏，妆成每被秋娘妒。

五陵年少争缠头，一曲红绡不知数。

钿头云篦击节碎，血色罗裙翻酒污。

今年欢笑复明年，秋月春风等闲度。

弟走从军阿姨死，暮去朝来颜色故。

门前冷落鞍马稀，老大嫁作商人妇。

商人重利轻别离，前月浮梁买茶去。

去来江口守空船，绕船月明江水寒。

夜深忽梦少年事，梦啼妆泪红阑干。

我闻琵琶已叹息，又闻此语重唧唧。

同是天涯沦落人，相逢何必曾相识！

我从去年辞帝京，谪居卧病浔阳城。

浔阳地僻无音乐，终岁不闻丝竹声。

住近湓江地低湿，黄芦苦竹绕宅生。

其间旦暮闻何物?杜鹃啼血猿哀鸣。

春江花朝秋月夜,往往取酒还独倾。

岂无山歌与村笛,呕哑嘲哳难为听。

今夜闻君琵琶语,如听仙乐耳暂明。

莫辞更坐弹一曲,为君翻作《琵琶行》。

感我此言良久立,却坐促弦弦转急。

凄凄不似向前声,满座重闻皆掩泣。

座中泣下谁最多?江州司马青衫湿。

第三章
沦落天涯：青衫落魄的江州司马

赏析

此诗作于白居易在江州任司马期间，是一首长篇叙事诗，记录了白居易与歌伎相遇、相知的过程。

"浔阳"至"低眉"二句，记述了白居易与歌伎的相识，彼此偶遇、登船相邀，一曲诉衷肠。

"轻拢"至"东船"二句，描述了歌伎弹奏琵琶的技艺之精湛，琵琶声时如玉珠落盘，时如鸟儿啼鸣，时如泉水叮咚，时如刀枪齐鸣，一曲作罢，四座无声，回味无穷。

"沉吟"至"夜深"二句为歌伎自述身世，昔日名动京城，如今漂泊船上，造化弄人，令人惋惜。

"我闻"至"莫辞"二句为诗人听完歌伎身世后，对自己现状的描述，孤独、落寞之情油然而生。

"感我"至诗末为全诗的结语，是全诗情感发展的高潮。与歌伎相似的遭遇令人嘘唏，众人在歌伎的琵琶声中掩面而泣，此

刻,大家彼此心意相通,有多少话都无可言说,只能化作凄怨的琴声和两行清泪。

此诗是白居易赠予歌伎之作,也是白居易的自怜之作。整首诗叙事抒情,语句紧凑、通俗易懂,情感饱满,真挚动人。

第四章

宦海浮沉：壮志难酬的长安过客

身在官场，起起落落总是常态。白居易在江州的第四年等来朝廷升迁的敕令，在忠州任上又应召入京。白居易一心为国谋利、为君分忧，无意卷入朋党之争，却身不由己。仕途的艰辛让白居易身心俱疲，逐渐萌生外调之心。

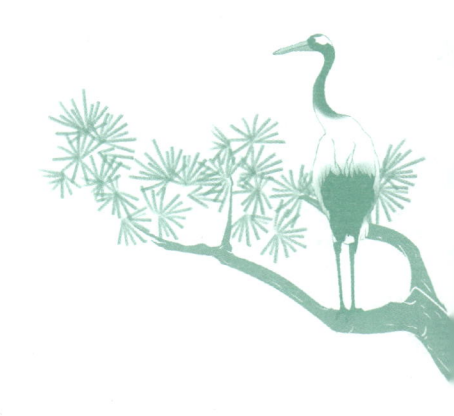

赴任忠州，踌躇满志

元和十三年（818年）冬，身在江州的白居易突然接到朝廷授其为忠州刺史的敕令。忠州虽地势险要，但这次履新属于升迁，白居易心中自然十分欣喜。

辞别江州，一路遇故友

白居易接到朝廷的诏书后，他的上司兼好友时任江州刺史的崔能特地准备了酒宴表示庆贺。酒宴上，白居易心中欢喜，也十分感念在江州任职期间崔能对自己的帮助，于是作诗《除忠州，寄谢崔相公》

赠与崔能：

> 提拔出泥知力竭，吹嘘生翅见情深。
> 剑锋缺折难冲斗，桐尾烧焦岂望琴？
> 感旧两行年老泪，酬恩一寸岁寒心。
> 忠州好恶何须问，鸟得辞笼不择林。

一诗作罢，仍不尽兴，想到自己被贬七年，一朝升迁，不胜欢喜和感激，又作《山中酬江州崔使君见寄》一诗留念：

> 眷昐情无恨，优容礼有余。
> 三年为郡吏，一半许山居。
> 酒熟心相待，诗来手自书。
> 庾楼春好醉，明月且回车。

此后不久，白居易就辞别同僚好友，带着一家老小收拾行囊出发了。这一路上赏美景、遇故友，惊喜连连。

白居易一行人乘船畅行，很快到达夏口，时任鄂州刺史的李程热情地招待了白居易。白居易在此短暂休整，临别时作诗《重赠李大夫》答谢李程：

> 早接清班登玉陛，同承别诏直金銮。
> 凤巢阁上容身稳，鹤锁笼中展翅难。
> 流落多年应是命，量移远郡未成官。
> 惭君独不欺憔悴，犹作银台旧眼看。

当船行至夷陵附近时，白居易竟然遇到了从通州司马改任虢州长史的元稹。好友相见，甚是欢喜。短暂相聚之后，依依不舍，元稹又调转船头送了白居易一程。两人一路畅饮叙旧，行至景色奇绝处还下

第四章
宦海浮沉：壮志难酬的长安过客

船游览，得遇"三游洞"，惊叹不已，流连忘返。白居易在《三游洞序》中详细记载了这次与好友偶遇和畅游的过程：

> 平淮西之明年冬，予自江州司马授忠州刺史，微之自通州司马授虢州长史。又明年春，各祗命之郡，与知退偕行。三月十日参会于夷陵。翌日，微之反棹送予至下牢戍。

> 又翌日，将别未忍，引舟上下者久之。酒酣，闻石间泉声，因舍棹进，策步入缺岸。初见石如叠如削，其怪者如引臂，如垂幢。次见泉，如泻如洒，其奇者如悬练，如不绝线。……虽有敏口，不能名状。

> 既而，通夕不寐，迨旦将去，怜奇惜别，且叹且言……微之曰："诚哉是。言讫，矧吾人难相逢，斯境不易得；今两偶于是，得无述乎？请各赋古调诗二十韵，书于石壁。"仍命余序而记之。又以吾三人始游，故目为三游洞。洞在峡州上二十里北峰下两崖相廞间。欲将来好事者知，故备书其事。

与元稹分别后不久，白居易行至万州。时任万州刺史的杨归厚热情地款待了白居易。万州与忠州相距不远，杨、白二人又同是自京城贬谪外调的官员，故二人相见难免感慨一番，白居易辞别杨归厚时，特作《答杨使君登楼见忆》相赠：

> 忠万楼中南北望，南州烟水北州云。
> 两州何事偏相忆，各是笼禽作使君。

忠州任上，凡事必躬行

辞别杨归厚后不久，白居易很快就到达了忠州，稍稍安顿后，便与前任忠州刺史李景俭进行了工作交接，正式上任忠州刺史。

忠州地形多山，低山起伏，常年气候潮湿，农业落后。上任之初，白居易就踌躇满志，下定决心要改变当地农业落后的面貌，希望能带领当地百姓过上富足的生活。

据白居易的《忠州刺史谢上表》可知，白居易对此次迁任是万分感激的，所以他赴忠州当日就上任，势必要恪尽职守，在忠州有一番作为：

> 臣以去年十二月二十日伏奉敕旨，授臣忠州刺史，以今月二十八日到本州，当日上任讫。殊恩特奖，非次迁荣，感戴惊惶，陨越无地。臣某诚喜诚惧顿首顿首……誓当负刺慎身，履冰励节，下安凋瘵，上副忧勤，未死之间，期展微效。

白居易在忠州刺史任上一年有余，积极发展当地农业，改善百姓的生活、生产环境。他带领百姓一起办学堂、开山路、修水渠、种果树，切实改变了当地百姓的生活面貌。

在组织百姓农垦、种植的过程中，白居易并没有因为做农活劳累而产生厌倦感，反而凡事必身体力行，而且乐此不疲。其《步东坡》一诗中就写了自己频繁去东坡的情景：

> 朝上东坡步，夕上东坡步；
> 东坡何所爱？爱此新成树。

第四章
宦海浮沉：壮志难酬的长安过客

  种植当岁初，滋荣及春暮。
  信意取次栽，无行亦无数。
  绿阴斜景转，芳气微风度。
  新叶鸟下来，萎花蝶飞去。
  闲携斑竹杖，徐曳黄麻屦。
  欲识往来频，青芜成白路。

  白居易一有闲余时间就会来东坡走一走，时间久了竟踏出一条小路来。他畅想着任期三年，或许能见到忠州绿柳成荫、花香鸟鸣、彩蝶翻飞的美丽景象。

国民诗人 白居易
相逢何必曾相识

诗词欣赏

题岳阳楼

白居易

岳阳城下水漫漫,独上危楼凭曲阑。

春岸绿时连梦泽,夕波红处近长安。

猿攀树立啼何苦,雁点湖飞渡亦难。

此地唯堪画图障,华堂张与贵人看。

第四章
宦海浮沉：壮志难酬的长安过客

赏析

　　这首诗是白居易自江州赴忠州的途中，经过岳州时所作。

　　首二句写洞庭湖景。诗人独自登高望远，洞庭湖湖水漫漫，一望无际，营造出一种壮阔、哀怨的气氛。

　　次二句用典抒情。浩渺的湖水从一个地方流到另一个地方，江河相连，或许能流到长安去。而诗人在外为官，也是从一个地方漂流到另一个地方，"夕波红处近长安"一句借用晋明帝（司马绍）"日远长安近"的典故，来暗喻自己或许有一天也能回到长安。

　　本诗后四句将全诗的情感进一步推向一个高潮，用"猿啼""雁渡"来表达心中的漂泊、孤独之苦。如果将眼前这壮阔的美景画成图画，给那些生活在华堂的贵人们看，他们能欣赏到如此美景，却未必能体会到漂泊之人孤独愁闷的心情。

　　此诗借景抒情，景象辽阔，情感深沉，表达了诗人在外为官的漂泊之感。

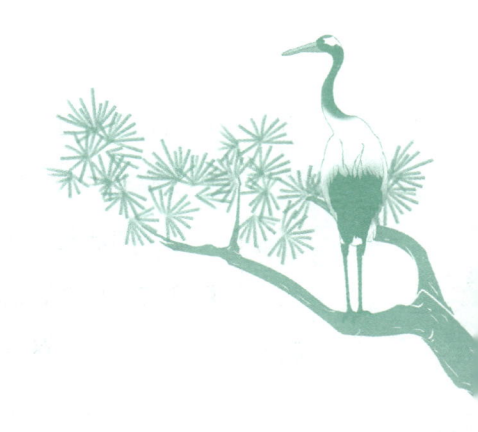

为政之要：将欲茂枝叶，必先救根株

　　白居易在忠州为官时十分勤勉务实，政务、农耕、开荒均开展得井井有条。

　　作为地方的行政长官，白居易大力发展农耕、种植自有他的道理。农业生产是百姓立足的根本，尤其是在以农耕经济为主的时代，田野荒废，百姓自然无所依存，百姓的温饱问题得不到解决，又要承担赋税负担，那么劳役、兵源等问题就无法解决，若再遇到天灾人祸，必然民不聊生、国运不昌。

　　因在劳作上颇有心得，与下属谈及为政之要，白居易便以培养花木的经验类比培养一方民力，只有从根本上解决问题，才能收获好的成效，即"将欲茂枝叶，必先救根株"。

　　白居易认为，发展生产、减少赋税，百姓才能劳有所获，才愿意将精力都用在生产上，与此同时，是非纠纷也会变少，如此良性循环，百姓才能富足、地方才能安宁。

正得益于白居易在忠州大力发展农业，当地百姓才逐渐有了好的收成，百姓安居乐业，忠州呈现出欣欣向荣之象。如此，白居易可顺利完成朝廷征缴赋税的任务，也并无多少纠纷要处理，工作清闲了许多。正如白居易在《东坡种花二首》（其一）中所描述的那样，东坡柳树成荫、花果繁茂、景色优美，令人心情也十分舒畅：

持钱买花树，城东坡上栽；
但购有花者，不限桃杏梅。
百果参杂种，千枝次第开。
天时有早晚，地力无高低。
红者霞艳艳，白者雪皑皑；
游蜂逐不去，好鸟亦来栖。
前有长流水，下有小平台。
时拂台上石，一举风前杯。
花枝荫我头，花蕊落我怀；
独酌复独咏，不觉月平西。
巴俗不爱花，竟春无人来。
唯此醉太守，尽日不能回。

白居易在忠州的政绩是显而易见的。正是因为白居易懂得民生之根本，并且治理有方，百姓才能过上富足的生活，自己才能过上"花枝荫我头，花蕊落我怀"的悠闲日子。

第四章

宦海浮沉：壮志难酬的长安过客

诗词欣赏

东坡种花二首（其二）

白居易

东坡春向暮，树木今何如？

漠漠花落尽，翳翳叶生初。

每日领童仆，荷锄仍决渠；

划土壅其本，引泉溉其枯。

小树低数尺，大树长丈余。

封植来几时，高下齐扶疏。

养树既如此，养民亦何殊。

将欲茂枝叶，必先救根株。

云何救根株？劝农均赋租。

云何茂枝叶？省事宽刑书。

移此为郡政，庶几氓俗苏。

赏析

这首诗作于白居易任忠州刺史期间。

"东坡"至"封植"二句描述了诗人在春天带领童仆每日挖渠、灌溉、植树的情景。诗人在忠州大力发展农业生产，很快就有了成效，晚春时节，树木的长势喜人，高的有丈余，矮的也有数尺高，树木葱郁、枝叶繁茂。

"养树"至诗末，写诗人因种植经验而引申思考出的为政之道。诗人认为"养树"和"养民"是一样的道理，要想花枝茂密，就必须为树苗生根发芽找到良好的环境。同理，要想民力富足，就要让百姓负担的租赋公平合理，减少扰民之事，放宽刑罚，如此才能改善民生。

这首诗并无华丽辞藻，种植和为政的道理也浅显易懂，可见白居易对文字的把控力以及优秀的为政能力。

应召还京，调任尚书司门员外郎

元和十五年（820年）春，唐宪宗驾崩，太子李恒即位，史称唐穆宗。朝廷内外一时形势紧张，必然涉及一些官员的调动和任免，白居易也在其中。

元和十五年（820年）夏，白居易收到了回京的官文，一时激动不已。在外为官多年，一直盼望能回京，如今回京的消息终于到了，白居易却又舍不得自己在忠州的生活，以及自己在东坡上亲手种植的那些花树。为此，白居易还特意作诗《别种东坡花树两绝》与东坡花树告别，并且希望继任者也像自己一样爱惜花木：

二年留滞在江城，草树禽鱼尽有情。

何处殷勤重回首？东坡桃李种新成。

花林好住莫憔悴，春至但知依旧春。

楼上明年新太守，不妨还是爱花人。

夏去冬来，白居易来到了长安，年底被授予尚书司门员外郎，知制诰，主要负责为皇帝起草诏书。

对于白居易来说，回京为官是件好事。在京城，白居易能与许多故友经常见面。此时，元稹、王起、李宗闵等人都在京城任职，好友常聚，自然是喜事。

更可喜的是，白居易此次来到长安，在旧日曾租住过的新昌里买了一处宅院。多年前那个曾被调侃"长安米贵，居大不易"的青年如今已经五十岁了，终于在京城购置了属于自己的房子，得以安定下来。

第四章
宦海浮沉：壮志难酬的长安过客

诗词欣赏

初除尚书郎，脱刺史绯

白居易

亲宾相贺问何如，服色恩光尽反初。

头白喜抛黄草峡，眼明惊拆紫泥书。

便留朱绂还铃阁，却著青袍侍玉除。

无奈娇痴三岁女，绕腰啼哭觅金鱼。

赏析

此诗作于白居易从忠州调任京城长安任尚书司门员外郎后不久，可以视为白居易的自嘲之作。

这是非常有意思的一首诗，首二句借亲友宾客的疑问，交代了自己官服颜色发生了变化；次四句是诗人的回忆，写年迈的自己在荒凉之地突然接到来自京城的诏令，所以才回到京城来，脱下之前的绯袍，穿上如今的青袍；末二句写女儿的淘气行为，哭闹着在自己的腰间寻找佩鱼。

唐代官员等级分明，不同等级的官员所穿官服的颜色不同，四品、五品官员着绯袍，佩戴银鱼袋；六品、七品着绿袍，八品、九品着青袍，均不佩戴鱼袋。白居易从忠州到长安，官职上是降职了，所以必须脱掉绯袍着青袍。而此时长安的好友们都穿着绯袍，与好友们站在一起显得有点格格不入，所以作了这首带有自嘲意味的诗。

第四章
宦海浮沉：壮志难酬的长安过客

这首诗简约、有趣，展现了白居易世俗、鲜活的一面，同时也表现出白居易对于个人命运变迁的深刻思考。好在此后没多久白居易又接到新的诏书，得以换袍佩鱼。

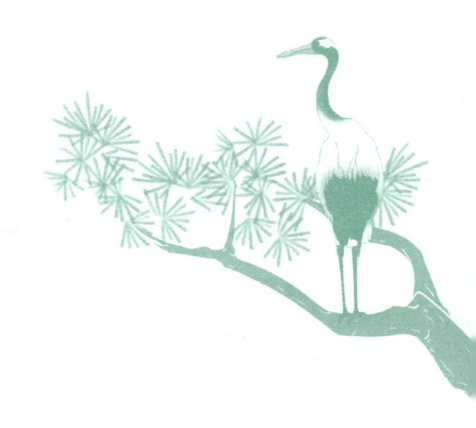

激烈的朋党纷争

白居易在京城为官，与朝廷各大臣接触密切，负责的事务也与朝廷大小官员有千丝万缕的利害关系，如此一来，不可避免地陷入了朝廷由来已久的朋党纷争中。

朋党之争分别以牛僧孺和李德裕为首，也称"牛李党争"。牛党领袖牛僧孺、李宗闵等由进士及第，代表地方利益；李党领袖李德裕和郑覃出身士族高第，代表贵族利益。党争之初，牛、李两党在官员选拔、藩镇割据等问题的处理上各有主张，发展到后来，无关朝政，纯属意气相争，一方得势，另一方的官员必然被贬谪打击。历经宪宗、穆宗，一直到宣宗，前后持续约四十年，极大地消耗了朝廷大量人才的心力，也埋没了许多人才，给了宦官坐收"渔翁之利"的机会，使得唐朝国运日渐衰微。

白居易被召回京城时，朝廷内部的牛李党争正日益激烈。白居易与牛党领袖牛僧孺、李宗闵相识多年，与牛党的主要成员杨汝士、杨虞卿、杨汉公等人存在姻亲关系，同时与李党的骨干元稹、李绅等人友谊深厚。从私人关系来看，白居易与牛、李两党的成员均关系匪浅，那么，在处理涉及牛、李两党利益的政务时，白居易又是如何做的呢？

在唐代参加科考，考生不仅要靠真才实学，也需要朝廷名士的举荐，这在无形当中为科考不公、党派纷争埋下了隐患。唐穆宗长庆元年（821年），科举考试结果出来后，十四人及第，段文昌、李绅所保举之人未及第，他们二人向穆宗上奏，指出此次科举考试的考官钱徽、李宗闵等人接受考生的好处而录用考生，得知此事，穆宗命十四进士重考。

白居易、王起担任十四进士复试的主考官，对十四名进士进行复试，复试的结果是只有三人合格。白居易撰写《论重考试进士事宜状》上奏穆宗：

……伏准礼部试进士，例许用书策，兼得通宵。得通宵则思虑必周，用书策则文字不错。昨重试之日，书策不容一字，木烛只许两条，迫促惊忙，幸皆成就。若比礼部所试，事校不同。虽诗赋之间，皆有瑕病，在与夺之际，或可矜量。倘陛下垂仁察之心降特达之命，明示瑕病以表无私，特全身名以存大体……

在上奏中，白居易指出此次复试不允许查阅书籍，时间短、考生难免思虑不周的客观事实，然后如实上报考生文章存在瑕疵，同时请求穆宗宽容处理。

第四章
宦海浮沉：壮志难酬的长安过客

几日后，穆宗下达了针对十四名进士复试结果的处理决定与官员调遣，负责进士科举考试的考官钱徽、李宗闵、杨汝士等人悉数被贬。

在亲情、友情的裹挟中，白居易没有向任何一方妥协，也没有对任何一方落井下石，而是选择了中立、实事求是。白居易为国家选拔栋梁之才、不徇私情的初心并没有变。

进士重试之后，科考舞弊的陋习得以改善，官员调动尘埃落定。但牛、李两党之间再次积怨，而白居易的中立态度也让牛、李两党的人都认为他更倾向于对方阵营，此后同朝为官，难免各种猜忌，官场人情复杂，让白居易十分疲累。

心灰意冷，请求外任

或许是因为白居易在担任进士复试考官时秉公守正，也或许是因为唐穆宗十分看重白居易的为人和才学，总之，白居易还京后不久，被授朝散大夫、上柱国，后又补中书舍人，官职连升，白居易脱下青袍，又换绯袍。

此次返京，白居易得到了穆宗的重用，一路升迁，不仅自己在朝廷身居要职，连妻子杨氏也被授予弘农郡君。但朝廷的朋党纷争愈演愈烈，白居易也见识了朋党纷争的错综复杂，无心参与朋党纷争的他开始怀念外任时可以一心为政、不为外事侵扰的日子，因此逐渐萌生外任之心。

长庆二年（822年）夏，白居易向朝廷上书奏请外任。很快，白居易就收到朝廷的批准，任杭州刺史。

国民诗人 白居易
相逢何必曾相识

白居易深知自己并不能很圆滑地处理好官场的各种纷争，不适合在朝廷重任上久待，但他仍希望凭借自己的一腔赤诚和才能为国献言建策，为家人谋得温饱，此次外任承蒙皇恩，别无他求。想到这里，白居易挥笔写下《初罢中书舍人》一诗，也算是给自己在京城为官的日子画上了一个句号：

> 自惭拙宦叨清贵，还有痴心怕素餐。
> 或望君臣相献替，可图妻子免饥寒。
> 性疏岂合承恩久，命薄元知济事难。
> 分寸宠光酬未得，不休更拟觅何官。

不同于以往的外任，此次迁任是白居易自己所求，且杭州虽远离京城，却是风光秀丽之地，因此白居易对此行十分期待。接到新的任命后不久，白居易就携家眷离开京城奔赴杭州，去开启一段新的人生旅程。

第四章
宦海浮沉：壮志难酬的长安过客

诗词欣赏

暮江吟

白居易

一道残阳铺水中，半江瑟瑟半江红。

可怜九月初三夜，露似真珠月似弓。

赏析

此诗作于白居易请求外任、赴杭州任刺史的途中。

这是一首写景诗，首二句写江景，傍晚时分，日暮西沉，西斜的阳光照射在水面上，江水一边呈现出碧玉色一边呈现出火红色，十分壮丽；次二句写月夜，当下正值九月初三，新月挂在天边，如同一把弯弯的弓，月光照耀下，江边青草上的露珠就像珍珠一样皎洁、明亮，这样的夏夜是如此的美好，惹人喜欢。

结合创作背景来看，彼时的白居易刚刚离开京城，远离了京城的朋党之争，心情自然十分轻快，赴杭州任上才有了赏景的心情，才能发现如此美好的江景。整首诗格调清丽，对景色的描写写实而不失浪漫，也正是因为有发现美景的轻松心情，才能描写出如此壮丽的江景。

第五章

事必躬亲：造福于民的贤臣能吏

长庆二年（822年），白居易被朝廷任命为杭州刺史，这让白居易喜出望外，他终于可以远离朝廷的纷争，到地方任上有所作为了。此后的几年间，白居易先后在杭州、苏州担任刺史，在任期间，他事必躬亲，造福于民，不仅创造了令后世敬仰的政绩，同时也留下了诸多经典诗作。

任职杭州，勤政爱民

白居易于长庆二年（822年）七月由中书舍人改任杭州刺史，他收拾好行装，向长安的朋友们告别后便迫不及待地启程了。

由于当时控制中原地区的宣武军正在发生军乱，汴河不通，白居易只得改道襄汉水路前往杭州。途经江州时，白居易受到了当地官员的招待，当年的江州司马重回故地，不胜感慨。水路漫漫，这一年的十月，白居易终于到达了杭州，按照惯例，他向朝廷写了一篇《杭州刺史谢上表》，便走马上任了。

白居易早年曾经到过杭州，但当时的他一身潦倒，功名全无，现如今作为杭州的最高长官，生活富足，誉满天下，心境自然大为不同。杭州自古便以风景秀美著称于世，白居易很快就沉醉在了湖光山色之中，他一边欣赏着杭州的美景，一边考察民情。经过实地调查他

发现，人们眼中的繁华富贵之地并不是真的风调雨顺，很多百姓仍然为了最基本的温饱而辛苦劳作。作为一位体恤民情的官员，白居易下决心要通过自己的治理，让杭州百姓吃饱穿暖，过上衣食无忧的生活。

这一年的冬天，萧悦、殷尧藩二人来拜访白居易，白居易非常高兴，和他们一起饮酒叙谈。萧、殷二人官职比较低微，生活过得很窘迫。当时正是十一月，他们两个人竟然只穿着单薄的衣服。白居易了解到他们生活贫困，就让裁缝做了两件棉衣送给他们，萧、殷二人感激不尽。白居易认为这是一件很小的事情，他用一首《醉后狂言酬赠萧、殷二协律》记录了当时的情形，并通过这件事引发了更深层次的思考，同时在诗的结尾表达了自己的理想：

我有大裘君未见，宽广和暖如阳春。

此裘非缯亦非纩，裁以法度絮以仁。

刀尺钝拙制未毕，出亦不独裹一身。

若令在郡得五考，与君展覆杭州人。

这几句诗是白居易对杭州百姓的承诺，也是他给自己定下的目标。他希望改变杭州人民生活困苦的局面，准备通过良制美法治理杭州，白居易的"大裘"充满了博爱的情怀，他立志要成为一位勤政爱民的父母官。

因此，每当百姓遇到实际问题，白居易总是不遗余力地帮助他们。白居易到达杭州的第二年，这里便遭逢大旱，看着百姓焦急的神情白居易也是心急如焚，他亲自写了一篇《祝皋亭神文》，多次带领百姓到皋亭山祈祷神灵普降甘霖，缓解杭州的旱情，但效果始终不

第五章
事必躬亲：造福于民的贤臣能吏

理想。

白居易敏锐地察觉到，想要让杭州再度繁荣、充满生机，必须解决好杭州"水"的问题。他与当地官员和百姓充分交流，计划为杭州百姓修筑一条兼具蓄水和泄洪功能的长堤。

筑建"白公堤",留千古美谈

白居易了解到杭州百姓之所以生活困苦,很重要的原因在于农业收成不佳,而造成农业歉收的主要原因则是经常发生洪灾和旱灾。

白居易连同下属和当地百姓认真分析、制定解决方案,最终计划在钱塘门外石涵桥附近修筑一条长堤。修筑长堤的目的就是让西湖增加蓄水量,当西湖水量充沛时可以及时泄洪,避免造成洪涝灾害;当遭遇干旱时,便可以用西湖水灌溉西湖周边的千顷农田,若是水量不够,还可以从临平湖引水。

制订好计划后,白居易便投入大量人力、财力组织筑堤,施工过程中也遇到过很多阻碍。比如,一些县官总是找各种理由拒绝放掉湖水,不配合工程的实施,白居易恩威并施,晓之以理,事情才得以解

决。经过白居易的努力斡旋，终于疏通了筑堤的各个环节，长堤最终筑成。

筑成后的长堤对杭州的农业生产起到了极大的帮助作用，就像白居易自己后来所说的"堤防如法，蓄泄及时""濒湖千余顷田无凶年矣"。此后遇到洪灾、旱灾，都能够通过泄洪、蓄水避免发生大规模的灾害，百姓当年就获得了大丰收。

看到百姓的生活有了改善，白居易十分欣慰。百姓们同样感念白居易的恩德，为了纪念白居易主持修筑的这条长堤，杭州人将这条长堤称为"白公堤"，成为一段千古佳话。

白居易为杭州百姓修筑了一条造福后世的"白公堤"后，仍然认为自己做得还不够，他注意到杭州百姓吃水也是个大问题。虽然杭州靠近钱塘江，但是钱塘江水发咸发苦，不适合饮用，就连地下水也带有一股咸苦味道。所以，杭州百姓想要喝到甘甜的淡水，就只能去西湖或者山中的泉眼取水，然而路途很远，非常费时费力。

经过勘察，白居易发现唐代宗时期的杭州刺史李泌曾经为了解决杭州百姓吃水的问题，开凿过六口井，此六口井与西湖相连通，分布于杭州城中各个方向，只要西湖水量充沛，百姓就会有源源不断的淡水供日常饮用。但是，由于年久失修，这六口井早已被淤泥堵塞，不能使用了。白居易决心疏通这六口井，让杭州人重新喝上甘甜的西湖水，于是组织人工清淤。这同样是一项十分浩大的工程，经过几个月的施工，六口井疏通完毕，井水清冽如初。白居易又给杭州百姓解决了吃水困难的问题，杭州百姓欢呼雀跃，都为杭州有这样一位勤政爱民的刺史大人而高兴。

第五章
事必躬亲：造福于民的贤臣能吏

白居易看着自己亲自主持的两大工程为杭州百姓带来了实惠，心情大好，他用实际行动兑现了自己初到杭州时的诺言。

处理公务之余，白居易经常漫步于"白公堤"上，欣赏周围美景。相比于应对朝廷中的党争、倾轧，白居易更加享受当下的生活。

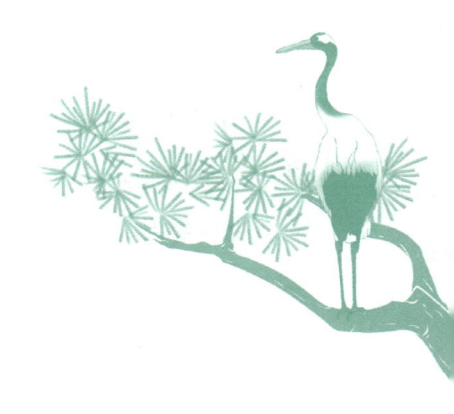

兴之所至，赏湖山美景

杭州自古就是风景秀美之地，白居易在政务之余，少不得去乘兴游玩。灵隐寺参禅悟道，月色下寻赏桂花，好不惬意。然而最让白居易喜爱的，还是西湖的湖光山色。尤其是春日里的西湖，更让人流连忘返。

在一个春暖花开的日子里，白居易又到西湖边散步，他步履轻盈，心情舒畅，一边走一边被眼前的景色所吸引，醉心于西湖美景的大诗人悠然吟出一首《钱塘湖春行》：

> 孤山寺北贾亭西，水面初平云脚低。
> 几处早莺争暖树，谁家新燕啄春泥。
> 乱花渐欲迷人眼，浅草才能没马蹄。
> 最爱湖东行不足，绿杨阴里白沙堤。

国民诗人 白居易
相逢何必曾相识

　　白居易用清新明快的语言勾勒出了一幅春意盎然的图画：春水初生，雨后初晴，白云低垂，莺语声声，燕子衔泥，春花烂漫地绽放，让人眼花缭乱，绿草青青，仅仅能盖住骏马的蹄子。诗人笔下的一切都是那么和谐美好，而他自己最享受的还是在西湖东侧的白沙堤散步，那里杨柳依依，令人陶醉。

　　白居易诗中所写的"白沙堤"并非他主持修筑的那条长堤，"白沙堤"在白居易担任杭州刺史之前就已经存在了，是西湖风景的一部分。然而杭州的百姓感念白居易的功绩，仍然愿意将"白沙堤"改称为"白堤"，永远地纪念这位受民众爱戴的长官。

杭州西湖白堤

第五章
事必躬亲：造福于民的贤臣能吏

白居易身在杭州，自然少不了与老朋友交游。他的老朋友崔玄亮当时在湖州担任刺史，两个人多有交集，经常诗词唱和。长庆三年（823年）八月，白居易还得到一个喜讯，他的挚友元稹被任命为浙东观察史兼越州刺史，马上就要启程赴任。杭州距离越州（今浙江绍兴）不过百余里的路程，今后两个人可以经常把酒言欢、品诗论文，岂不快哉。元稹这次赴任得到了升迁，职位在白居易之上，白居易难以抑制兴奋的心情，马上写了一首《元微之除浙东观察使，喜得杭越邻州，先赠长句》：

> 稽山镜水欢游地，犀带金章荣贵身。
> 官职比君虽校小，封疆与我且为邻。
> 郡楼对玩千峰月，江界平分两岸春。
> 杭越风光诗酒主，相看更合与何人。

在这首诗中，白居易表达了对元稹的祝贺，更重要的是盼望元稹早日到来，他想象着两人日后相聚时的情景。

终于在这一年的十月，元稹到了杭州，白居易早已等待多日，隆重地设宴款待元稹。元白重逢，欢喜无限，两个人推杯换盏、纵论国事。白居易将自己修建长堤、疏浚六井的事情告诉了元稹，元稹大为赞赏，称赞白居易是一位为民谋福祉的好官。

白居易带着元稹到西湖游览，元稹同样被这里的美景所吸引。两个人诗酒流连，度过了几天难得的时光。即将离别的时候，元稹对白居易说自己这两年已经将生平的作品编成了集子，就叫作《元氏长庆集》，他希望白居易也能将自己的作品整理汇编成文集，命名为《白氏长庆集》，到时候他要亲自作序。白居易听后答应了老朋友的提议，之后依依不舍地送别了元稹。元稹走后，白居易依然十分挂念，写了一首《答微之上船后留别》：

    烛下尊前一分手，舟中岸上两回头。

    归来虚白堂中梦，合眼先应到越州。

  虽然两个人刚刚分别，但白居易已经期盼着与元稹再次相聚，所以他说如果要做梦的话，就先把自己带到元稹赴任的越州吧。元白之间的情谊十分深厚，白居易原想能够与元稹多一些相聚的机会，但他杭州刺史的任期将满，他还不知道自己下一个目的地会是哪里。

第五章
事必躬亲：造福于民的贤臣能吏

诗词欣赏

杭州春望

白居易

望海楼明照曙霞，护江堤白踏晴沙。

涛声夜入伍员庙，柳色春藏苏小家。

红袖织绫夸柿蒂，青旗沽酒趁梨花。

谁开湖寺西南路，草绿裙腰一道斜。

赏析

这是白居易在杭州任刺史期间的诗作。春日的杭州美景让诗人陶醉其中，白居易将杭州最具代表性的景色融于笔端，旖旎动人，充满了诗情画意。

首联诗人的视线即从远望开始，朝霞之下望海楼十分明丽，晴日里钱塘江堤岸闪烁着点点银光。

颔联写伍员庙的江水声、苏小小家中的春柳春色，是在描述杭州古城的历史，时过境迁，这里繁华依旧，春色依旧。

颈联用市井风情表现了杭州人的精神面貌。红袖织绫、青旗沽酒，正是春日里杭州人劳作、欢饮的日常，同时诗人用"夸柿蒂""趁梨花"等细节描写，给春日更添一股清新之风。

尾联描写的则是诗人最喜爱的西湖美景。湖寺西南路就是白居易经常散步游览的白沙堤，这条路上画桥烟柳、花草丛生，不由得让人心驰神往。

第五章
事必躬亲：造福于民的贤臣能吏

白居易这首诗与《钱塘湖春行》是同一类型的作品，其特点是全方位地描绘杭州城美景，将眼前之景、古之历史、市井风情、自我感受融于一体，令美好的杭城春色一览无遗。

离杭北上，依依惜别

白居易长庆二年（822年）七月被任命为杭州刺史，任职以来最引以为傲的事情便是为杭州修筑长堤、疏浚水井，为杭州百姓解决了最重要的农业生产和生活问题。但是他自己很清楚，自己在杭州的任期不会太长，一旦自己离任，很难说以后继任的官员能否继续造福百姓，因此白居易在长庆四年（824年）的三月十日，亲自撰写了一篇《钱塘湖石记》，在这篇文章中白居易详细记录了杭州的水文特征以及如何利用杭州的水利设施造福民众：

钱唐湖事，刺史要知者四事，具列如左：

钱唐湖一名上湖，周廻三十里，北有石函，南有笕。凡放水溉田，每减一寸，可溉十五余顷；每一复时，可溉五十余顷。先须别选公勤军吏二人，一人立于田次，一人立于湖次，与本所由田户，据顷亩，定日时，量尺寸，节限而放之。若岁旱，百姓请水，须令经州陈状，刺史自便压帖所由，即日与水。若待状入司，符下县，县帖乡，乡差所由，动经旬日，虽得水，而旱田苗无所及也。大抵此州春多雨，夏秋多旱。若堤防如法，蓄泄及时，即濒湖千余顷田，无凶年矣。

……

其郭中六井，李泌相公典郡日所作，甚利于人。与湖相通，中有阴窦，往往埋塞，亦宜数察而通理之，则虽大旱而井水常足。湖中有无税田约数十顷，湖浅则田出，湖深则田没。田户多与所由计会，盗泄湖水，以利私田。其石函南笕，并诸小笕闼，非浇田时，并须封闭筑塞，数令巡检，小有漏泄，罪责所由，即无盗泄之弊矣。又若霖雨三日以上，即往往堤决，须所由巡守，预为之防。其笕之南，旧有缺岸，若水暴涨，即于缺岸泄之。又不减，兼于石函南笕泄之，防堤溃也。

……

白居易写好这篇文章之后命人刻在了石头上。写这篇文章的目的是要告诉后来的刺史大人如何利用杭州城的水利设施帮助百姓灌溉农田、疏浚水井、保持漕运畅通。白居易详细论述了水文特征与农业生产之间的关系，阐明了灾害之年的应对方法，字里行间表达了对百姓的关切，同时也揭露了官府的黑暗和自私。在白居易的心中，一切都不如百姓的生计重要，这份一心为民的情怀着实让人感动。在文章的结尾，白居易说自己在杭州三年，充分了解这里旱灾发生的情况与水

第五章
事必躬亲：造福于民的贤臣能吏

利设施的重要性。白居易担心继任者不清楚这些情况，所以特地刻在了石头上。为了让读者容易理解自己表达的内容，特意不用艰涩的文言。

《钱塘湖石记》倾注了杭州刺史白居易的一片苦心，他挂念着杭州百姓，担心在自己离任后杭州百姓的生活再次回到以前的样子。然而，朝廷的调令很快就到来了，长庆四年（824年）五月，白居易被任命为太子左庶子分司东都，所以他下一个目的地是洛阳。

白居易在离开杭州之前，仍然挂念着这里的百姓，他想为杭州再做一点贡献，于是将自己的大半俸禄留在了杭州官府。他表示这笔费用可以由继任者在经费紧张的时候拿出来使用，用以修缮水利、防御灾害、赈济百姓等等，但需要在好的年景将经费补齐，便于后来者循环往复使用。

杭州百姓有感于白居易的善举，在白居易离开杭州那一天，箪食壶浆，前来为他送行，场面既热情又伤感。与杭州百姓依依惜别后，白居易便从水路前往洛阳了。

国民诗人 白居易
相逢何必曾相识

诗词欣赏

别州民

白居易

耆老遮归路,壶浆满别筵。

甘棠无一树,那得泪潸然。

税重多贫户,农饥足旱田。

唯留一湖水,与汝救凶年。

第五章
事必躬亲：造福于民的贤臣能吏

赏析

白居易在担任杭州刺史期间，为杭州百姓做了许多实事，在离杭北上时百姓不舍他离开，纷纷前来送行。这首诗创作于长庆四年（824年）五月，描写了白居易在杭州刺史任期结束时与杭州百姓告别时的情景。

白居易在诗中描写到送行的人箪食壶浆，挡住了自己离去的道路。想到自己在杭州没有太多建树，他非常惭愧地流下了泪水。由于赋税沉重、旱田较多，杭州仍然有很多贫困的百姓。现如今自己要离开杭州了，他希望杭州百姓对西湖水善加利用以度过灾年，这是自己给杭州百姓做的唯一一点贡献了。

全诗语言质朴、明白晓畅，将白居易与平民百姓的感情表现得淋漓尽致，体现了白居易一心为民的高尚情怀。

洛阳置产，"居易"成真

长庆四年（824年）的正月，朝廷发生了一件大事，唐穆宗驾崩，太子李湛继位，是为唐敬宗。当时的白居易还在杭州刺史任上，之后新的任命很可能与唐敬宗有关。

白居易五月末出发离开杭州，一直到秋天才到达洛阳。此时的白居易已经五十三岁了，他对官场似乎有了一些倦怠之意，朝廷内各种钩心斗角原本就是他所厌恶的，所以这次到洛阳后白居易用自己的积蓄在履道里买下了一所宅院，为日后辞官退隐做准备。

这座宅院原本的主人是已经去世的散骑常侍杨凭，白居易买下后准备重新修葺一番，作为自己怡情悦性的住所。这所宅院的面积很大，并且绿竹幽幽，山石丛生，十分雅致，经过白居易的修葺，成了一处令人向往的住所。

白居易后来打听到，自己的好朋友崔群老家就在自己的宅院附近，不禁让他很欣喜。虽然崔群此时不在洛阳任职，但想到等将来年老的时候能成为邻居，也是一件非常美妙的事情。

白居易在洛阳并没有太多的公务，所以有了更多的时间与洛阳的朋友们聚会，同时也经常给在外地任职的朋友写信。长庆四年（824年）冬天，远在越州的好朋友元稹又带给他一个好消息，白居易在离开杭州之前交给元稹的作品手稿已经被编成了文集，元稹亲自作序，《白氏长庆集》问世了。白居易想到自己多年来的心血汇编成集子，百感交集，他更期待着能早日与元稹相见，纵论诗文。而在这一年，白居易的弟弟白行简被任命为司门员外郎，喜事不断，白居易在洛阳的生活安宁又惬意。

转眼又是一年春天，洛阳城花团锦簇、景色宜人，身在洛阳的白居易虽然很自在，但自己的朋友们大多不在身边，这让他感到有些寂寞，于是他给崔玄亮、元稹写了一首《晚春寄微之并崔湖州》：

洛阳陌上少交亲，履道城边欲暮春。

崔在吴兴元在越，出门骑马觅何人。

很显然，白居易是想念自己的老朋友了。然而，让白居易没想到的是，自己马上就又有了和老朋友见面的机会。唐敬宗宝历元年（825年）三月，白居易又被任命为苏州刺史，白居易匆匆收拾好行装，再度前往吴越之地。

苏州刺史，安敢不躬亲

白居易于宝历元年（825年）五月到达苏州，他写了一篇《苏州刺史谢上表》。在谢表中白居易表示，自己虽然才疏学浅，但既然皇帝信任自己任命自己为江南重镇的刺史，自己一定竭尽全力治理苏州，为朝廷和当地百姓鞠躬尽瘁。

白居易来到苏州之后，与身在越州的元稹、湖州的崔玄亮以及和州（今安徽和县）的刘禹锡相距都不远，书信往来更加频繁了，同时他也期待着有机会能够相聚。

但是白居易没有想到苏州的公务特别繁忙，他整天忙个不停但还是有处理不完的事情，就像他在《题西亭》一诗中说的那样：

　　朝亦视簿书，暮亦视簿书。

　　簿书视未竟，蟋蟀鸣座隅。

始觉芳岁晚，复嗟尘务拘。

白居易一天到晚都在处理公务，不知不觉就听到夜里的蟋蟀在座位旁鸣叫了，说明他被公务所累，没有什么休闲的时间。此时的白居易已经五十四岁高龄，长时间超负荷工作让他有些吃不消，很快他就病倒了，告假半月才养好了身体。

宝历元年的秋天，白居易奉命到太湖一带为皇帝挑选橘子，这次出游让他精神为之一振。之前忙于公务，竟然忽视了苏州的美景，于是他开始四处游览苏州的山川名胜。

有一次，白居易前往虎丘山游玩，却发现去往虎丘的路非常难走，区区几里路，却让人非常疲惫。从阊门到虎丘山的路途，车马通行很艰难，水路更是淤泥阻塞，已经不能行船。于是白居易召集下属，研究出了一个方案，计划重修阊门至虎丘的这一段路程。他命人将水中的淤泥挖出，然后废物利用，用淤泥加宽河堤，从而拓宽陆路，这样一来不仅水路行船畅通，陆路车马也能自如通行。

白居易还命人在河上建了许多桥梁，方便河两岸的人往来。白居易不知疲倦地指挥着工程的进展，甚至忘记吃饭，令百姓非常感动。经过一段时间的治理，这条大约七里长的道路平坦宽阔，水路行船顺畅，河水还能用来灌溉农田，可谓一举多得，这条河被命名为山塘河。

白居易还发动当地民众，在河堤两岸种植各种果树，在山塘河里种植荷花，之前残破不堪的一段废路最后被改造成了景色秀美的街区，这条街就被叫作七里山塘街。白居易看到山塘街有了这样的改变，非常高兴，于是将美景写进了自己的诗作《武丘寺路》中：

第五章
事必躬亲：造福于民的贤臣能吏

自开山寺路，水陆往来频。

银勒牵骄马，花船载丽人。

菱荷生欲遍，桃李种仍新。

好住湖堤上，长留一道春。

七里山塘街是白居易担任苏州刺史期间浓墨重彩的一笔，也是他为后世留下的宝贵财富。他在苏州刺史任上兢兢业业，勤政爱民，事必躬亲，得到了苏州百姓的无限爱戴。

苏州山塘街

国民诗人 白居易
相逢何必曾相识

诗词欣赏

忆江南（三首）

白居易

江南好，风景旧曾谙。

日出江花红胜火，春来江水绿如蓝。能不忆江南？

江南忆，最忆是杭州。

山寺月中寻桂子，郡亭枕上看潮头。何日更重游？

江南忆，其次忆吴宫。

吴酒一杯春竹叶，吴娃双舞醉芙蓉。早晚复相逢？

第五章
事必躬亲：造福于民的贤臣能吏

赏析

　　这组词创作于白居易晚年定居洛阳期间，晚年的白居易远离朝堂，生活闲适，虽然身在北方，但他对江南始终怀有深厚的感情，这组词表达了白居易对江南的无限依恋。

　　第一首词从总体上描绘了江南风景的秀美。作者开门见山，说江南的风景自己非常熟悉。春天太阳升起的时候，江水边的鲜花被照得鲜艳似火，江水碧绿胜过蓝草的颜色。这样的景致，怎能让人不想念江南？

　　第二首词回忆的是杭州，"最忆"二字点出了作者最心驰神往的江南城市是杭州。作者在杭州刺史任上前后三个年头，他想念那些在古寺的月光下寻找桂子的时光，也怀念枕卧在郡亭看钱塘江潮水的经历，如今只期待着能重新游览杭州。

　　第三首词回忆的是苏州的吴宫。作者想念吴宫春竹叶酒的味道，也忘不了吴宫歌女双双起舞的姿容，同样期待着能与他们再次

相逢。

　　这三首词描绘江南风景，追忆江南往事，各有侧重、各有特色，寥寥数句，向读者展现了言有尽而意无穷的意境之美。虽写法简单，但意境高妙，是历代吟咏江南诗词的经典之作。

第六章

大隐于朝：向往园林的闲官慢使

白居易在苏州刺史任上殚精竭虑，日夜操劳，他想尽己所能为苏州百姓做一些实事。然而，不可预测的事情总会发生，白居易很快就被调离苏州，而他此后的仕途生涯基本都是勉为其难地被动接受。离开苏州之后的七八年间，白居易分别在长安、洛阳任职，虽然职位很高，他对官场却已是意兴阑珊，时时向往着退隐园林的闲适生活。

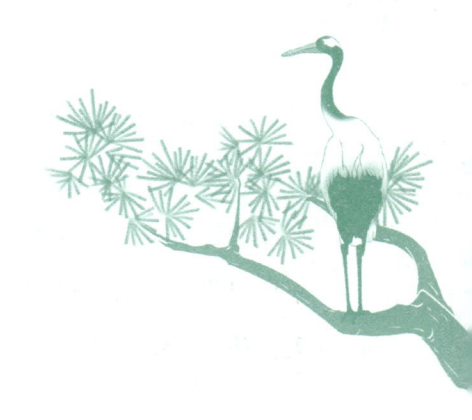

辞别苏州，十里随舟行

唐敬宗宝历二年（826年）二月，白居易在苏州任上意外坠马，不小心伤到了脚，不得已休养了一个月的时间。这一年的五月，白居易身体又抱恙，患了严重的眼病和肺病，所以接着向朝廷请了一百天的长假。到了九月，假期已满，白居易却被朝廷罢了官。朝廷罢免白居易很可能是考虑他身体不佳，无法继续任职，白居易不仅没有感到沮丧，反而觉得一身轻松。此时的他已对官场心生厌倦，心想倒不如回到洛阳的宅院做一个隐士逍遥自在。

白居易在苏州刺史任上前后只有一年多的时间，但他过得并不轻松，除了公务繁忙，还时常陷入为民谋利和与民争利的矛盾当中，所以他内心早已萌生退意。无论如何，白居易仍然为苏州百姓做了许多好事，他的离开同样让苏州百姓十分不舍。

白居易决定在十月份从水路离开苏州，临行的那一天，许多苏州百姓自发乘船相送，拜别这位一心为民的刺史大人。有的船只竟然一直跟随着白居易的小舟，在水路上送行十余里。白居易大受感动，认为自己为苏州百姓做得还不够，却得到百姓这般礼遇，一时百感交集，并用诗句记录了辞别时的情景：

> 浩浩姑苏民，郁郁长洲城。
> 来惭荷宠命，去愧无能名。
> 青紫行将吏，班白列黎氓。
> 一时临水拜，十里随舟行。

——《别苏州》

离开苏州的白居易沿着水路前行，没想到在扬州的扬子津遇到了神交已久的刘禹锡。刘禹锡是白居易一直崇拜的人，虽然二人年龄相仿，但刘禹锡成名比白居易早很多，即便后来白居易文采过人，誉满天下，刘禹锡依然是其推崇之人。此前刘禹锡和白居易从未谋面，但有许多书信诗文交流，这次不期而遇大慰平生，让人欣喜。

此时的刘禹锡也刚从和州刺史任上离开，准备返回洛阳。于是两个人结伴而行。刘禹锡对白居易在苏州的政绩十分欣赏，写诗赞扬白居易，白居易却感到十分惭愧，同样写诗作答：

> 去年到郡时，麦穗黄离离。
> 今年去郡日，稻花白霏霏。
> 为郡已周岁，半岁罹旱饥。
> 襦袴无一片，甘棠无一枝。
> 何乃老与幼，泣别尽沾衣。

第六章

大隐于朝：向往园林的闲官慢使

> 下惭苏人泪，上愧刘君辞。
>
> ——《答刘禹锡白太守行》（节选）

白居易和刘禹锡在扬州停留了半月有余，两人经常诗词唱和。离开苏州时白居易是满怀伤感的，在一次席间，他写道："举眼风光长寂寞，满朝官职独蹉跎。"刘禹锡却认为大可不必如此悲观，于是写下了"沉舟侧畔千帆过，病树前头万木春"劝慰好友。白居易看到这两句诗，精神为之一振，此前所有的不愉快全都烟消云散了。刘白二人将扬州的名胜全都游览了一遍，之后才向着洛阳的方向进发。一路上两个人谈天说地、惺惺相惜，并没有感到一丝寂寞。

然而，两个人谁也想不到，大唐王朝将要发生一件惊天动地的大事，刘白二人也将在这场事变之后有了新的命运安排。

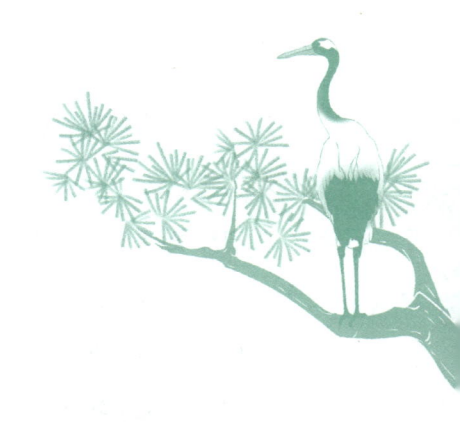

任秘书监，重返旧地

　　白居易和刘禹锡沿水路前往洛阳，在他们到达洛阳之前，就听说朝廷发生了一件让人意想不到的惊天事变。一个名叫刘克明的宦官惹怒了唐敬宗受到了责罚，便心生怨恨，于宝历二年（826年）十二月，勾结其他宦官一起弑杀了唐敬宗。之后枢密使王守澄、中尉魏从简等人又发兵诛杀了刘克明，最终拥立江王李昂为天子，这就是后来的唐文宗。王守澄、魏从简等人也是朝廷里大权在握的宦官，瞬息之间，朝廷天翻地覆，刘白二人不免为朝廷深深地担忧。

　　对于白居易来说，他遭受的打击不止于此。当他抵达洛阳的时候，收到了同胞兄弟白行简去世的消息。听到这一噩耗，白居易肝肠寸断，没想到比自己小几岁的弟弟竟然先离自己而去，如今白居易孑然一身，再无兄弟在世了。白居易想到自己也许来日无多，顿生孤寂

之感，对仕途名利、朝廷纷争再也提不起兴趣，只想着能够在洛阳安稳地度过余生。

　　白居易在洛阳履道里的宅院还没住上几天就收到了朝廷的诏书，于是他时隔多年再次前往长安。唐文宗即位之后，很快采取了一系列措施稳固政局，他首先任命了一批自己信任的官员担任要职。唐文宗大和元年（827年）正月，白居易的老朋友崔群被任命为兵部尚书，三月，白居易被任命为秘书监。秘书监是秘书省的长官，秘书省对于白居易来说并不陌生，因为唐德宗贞元年间他曾经在秘书省担任过校书郎，所以如今算是重回故地了。

　　任秘书监并没有过多的政务，主要负责管理图书等事宜，所以白居易倒也自在，在长安反而有很多时间去游玩和聚会，就像他那首《闲行》诗中说的一样：

　　　　五十年来思虑熟，忙人应未胜闲人。
　　　　林园傲逸真成贵，衣食单疏不是贫。
　　　　专掌图书无过地，遍寻山水自由身。
　　　　倘年七十犹强健，尚得闲行十五春。

　　五十六岁的白居易似乎对生命有了新的认识，认为如今追求闲适生活才是最重要的，即便是生活清贫一些也没有必要为了名利苦心经营了。他还对自己的生命进行了展望，如果活到七十岁的话，未来还可以悠闲地度过十五个春天。

　　白居易的另外两个好朋友元稹和刘禹锡也都有了新的任命，元稹仍然在浙东观察使任上，同时任加检校礼部侍郎，刘禹锡被任命为主客郎中，负责洛阳事务。白居易在长安居住在新昌里的宅院，常与杨

第六章
大隐于朝：向往园林的闲官慢使

汝士、裴度、庾敬休等人交往。

大和元年年底，白居易奉命前往洛阳。这次所领到的任务似乎并不紧急，从长安到洛阳，白居易悠然徐行，到达洛阳后就和皇甫镛、刘禹锡等老朋友相聚。他在《酬皇甫宾客》诗中写道：

闲官兼慢使，著处易停轮。

况欲逢新岁，仍初见故人。

冒寒寻到洛，待暖始归秦。

亦拟同携手，城东略看春。

白居易自称"闲官兼慢使"，已经做好了接下来几个月的计划，他甚至邀请了皇甫镛一起携手到洛阳城东赏春，看来白居易又能够自在闲行一个春天了。

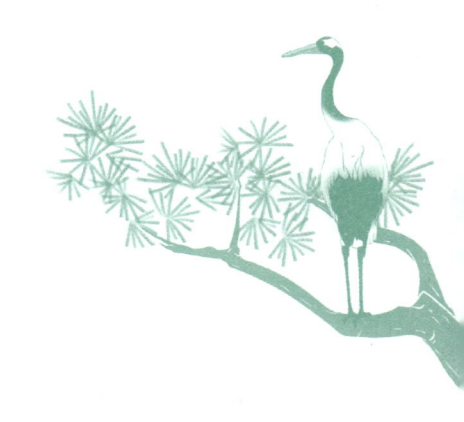

迁刑部侍郎，宦情渐淡泊

大和二年（828年）的春天，白居易在洛阳住了几个月之后才返回长安，回到长安时他的职位由秘书监改为刑部侍郎。刑部侍郎主要负责司法方面的工作。虽然职位得到了升迁，白居易却没有过多的欣喜，他不过是例行公事处理一些日常事务。好在刘禹锡也从洛阳来到长安，被授予主客郎中、集贤殿学士，刘白二人还能时时交游，得以慰藉。

此时的白居易追求功名之心逐渐淡薄，他疲于应付官场上的人情往来，在闲暇之余将主要精力放在了整理自己的诗文作品上。此前在长庆年间，元稹曾经帮助白居易汇编了五十卷《白氏长庆集》，如今他自己又开始整理近些年来的作品，准备编为《后集》。白居易也经常思念弟弟白行简，他又将白行简生平创作的诗文作品整理汇编成

二十卷，命名为《白郎中集》，通过这样的方式纪念弟弟。这一年，白居易还为白行简撰写了一篇《祭弟文》表达对弟弟的追思，同时在这篇文章中白居易明确表达了自己即将辞官回洛阳的计划：

> 吾去年春授秘书监赐紫，今年春除刑部侍郎，孤苦零丁，又加衰疾，殆无生意，岂有宦情，所以偃仆至今，待终龟儿服制。今已请长告，或求分司，即拟移家，尽居洛下，亦是夙意，今方决行，养病抚孤，聊以终老。

原来，白居易正在谋划着能够得到一个洛阳的闲职，回到履道里的宅院养老。由于年龄大了，体力大不如前，再加上原本就有的眼疾，白居易不愿意再担任刑部侍郎一职。大和二年的十二月，白居易向朝廷请了百日病假，准备去官回乡，离开长安。五十七岁的白居易已经感到力不从心，归隐园林是他当下唯一的追求。

第六章
大隐于朝：向往园林的闲官慢使

诗词欣赏

自咏五首

白居易

朝亦随群动，暮亦随群动。

荣华瞬息间，求得将何用。

形骸与冠盖，假合相戏弄。

但异睡著人，不知梦是梦。

一家五十口，一郡十万户。

出为差科头，入为衣食主。

水旱合心忧，饥寒须手抚。

何异食蓼虫，不知苦是苦。

公私颇多事，衰惫殊少欢。

迎送宾客懒，鞭笞黎庶难。

老耳倦声乐，病口厌杯盘。

既无可恋者，何以不休官。

一日复一日，自问何留滞。

为贪逐日俸，拟作归田计。

亦须随丰约，可得无限剂。

若待足始休，休官在何岁。

官舍非我庐，官园非我树。

洛中有小宅，渭上有别墅。

既无婚嫁累，幸有归休处。

归去诚已迟，犹胜不归去。

第六章
大隐于朝：向往园林的闲官慢使

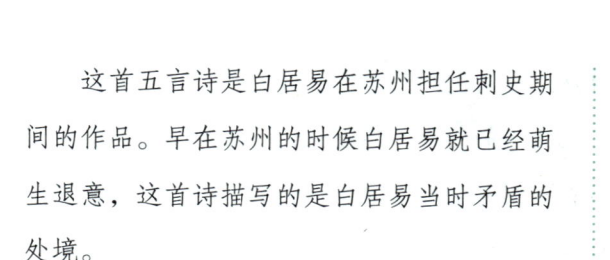

赏析

这首五言诗是白居易在苏州担任刺史期间的作品。早在苏州的时候白居易就已经萌生退意，这首诗描写的是白居易当时矛盾的处境。

苏州刺史任上的白居易每日兢兢业业地处理政务，但是他并不愉快，他认为自己的身体被官职所累，不得不从事着无穷无尽的案牍工作。最让他内心煎熬的还是官府与百姓之间的矛盾，白居易作为苏州刺史不仅要竭尽所能帮助百姓丰衣足食，同时还要担负起征收赋税的重任，他认为自己心力交瘁，不知道是在为民谋利还是与民争利。官场上的迎送宾客、公务中的责罚百姓都是白居易不愿意面对的事情，但是他又不得不去处理，在这种痛苦当中还不如早日辞官归田惬意。因此白居易向往着他的洛中小宅、渭上别墅，虽然他知道自己现在辞官退隐已经很迟了，但总比不退隐要好得多。

国民诗人 白居易
相逢何必曾相识

　　白居易的仕途生涯从早年的满腔热情逐渐变为冷漠淡泊,这与他生平的经历和思想的转变密切相关。当他在苏州萌生归隐的想法时并没有立即付诸行动,直到大和二年他才真正下定决心辞官,白居易"退与不退"的矛盾思想在很多封建士大夫身上都有所体现。

送别长乐亭，从容出长安

在长安任职的白居易对官场逐渐失去了热情，他更不愿意再卷入朝廷的纷争，于是向朝廷表达了希望回到洛阳养老的意愿。当时的宰相是白居易的得意门生牛僧孺，他帮助白居易推动了这件事，还安排白居易担任太子宾客分司东都。这是一个虚职，并没有什么具体事务，白居易还能依靠这一职位获得官俸，自然十分高兴。大和三年（829年）三月，白居易百日假满，就不再担任刑部侍郎了。白居易高兴地收拾行装，计划在四月份离开长安，归隐洛阳。

白居易有了充足的时间和老朋友们唱和、写诗、交往，他与元稹频繁书信往来，还编了两卷与刘禹锡的唱和之作，命名为《刘白唱和集》，此时的白居易心情是十分愉快的。

转眼间到了四月，白居易启程之前在长乐亭与长安的朋友们相聚,虽然远离长安是非之地是不错的选择,但当他回想起自己的仕途生涯时仍然无限感慨。长安是自己官宦生涯的起点,如今又将作为终点,自己一生的荣辱辛酸与长安有着难以割舍的联系,想到这里,他不禁老泪纵横。白居易与裴度等朋友在长乐亭推杯换盏,大醉一场,临别时白居易深情写下了一首《长乐亭留别》:

> 灞浐风烟函谷路,曾经几度别长安。
> 昔时龊促为迁客,今日从容自去官。
> 优诏幸分四皓秩,祖筵惭继二疏欢。
> 尘缨世网重重缚,回顾方知出得难。

　　白居易的这首诗是对自己长安生涯的总结,也是对自己当下选择的评价。白居易"曾经几度别长安",但这一次他离开长安就再也没有回来过,虽然将远离朝堂,但他的内心是从容闲适的,他心心念念的"洛中小宅"才是他向往的精神归宿。

退居洛阳，更无余事可劳心

白居易在长乐亭辞别了长安的朋友们，向洛阳的方向启程，由于心情舒畅，因此一路并不感到劳累。到达洛阳的时候，正好又是一个春天。白居易兴致勃勃地将履道里的宅院打扫收拾了一番，同时在洛阳的朋友们都纷纷到家中拜访他。

回到洛阳的白居易一身轻松，再也没有公务占用他的时间，他感受到了前所未有的轻松。每天在园林当中观花修竹、饮酒赋诗，很是自在。更让白居易高兴的是，他的妻子杨氏竟然有了身孕，想到自己要以五十八岁高龄再一次当父亲，内心的喜悦溢于言表。白居易一家人在洛阳过着安稳踏实的日子，其乐融融。

大和三年（829年）的九月，元稹被朝廷授予尚书左丞，即将从越州返回长安。前往长安，洛阳是必经之地。白居易计算着老朋友到达的日子,当元稹到达洛阳时亲自去城外迎接并设宴款待。元白二人见面的机会并不多,平时都是书信往来,如今能在洛阳重逢,是非常难得的机会。洛阳距离长安不远,想到日后会有更多相见的时候,两个人都非常高兴。

这一年的冬天,白居易的夫人杨氏产下一个男孩,乳名叫作阿崔,当白居易和元稹分享这一喜讯的时候,元稹告诉白居易自己的夫人也生了一个男婴,取名道保。元白二人喜上加喜,各自写诗向对方祝贺。白居易非常享受当下的状态,他甚至后悔没有早一点从官场退隐。他在诗中表达了洛阳隐居的闲适:

眼下有衣兼有食,心中无喜亦无忧。
正如身后有何事,应向人间无所求。
静念道经深闭目,闲迎禅客小低头。
犹残少许云泉兴,一岁龙门数度游。
晴教晒药泥茶灶,闲看科松洗竹林。
活计纵贫长净洁,池亭虽小颇幽深。
厨香炊黍调和酒,窗暖安弦拂拭琴。
老去生涯只如此,更无余事可劳心。

——《偶吟二首》

此时的白居易衣食无忧,再无所求,整日悟道参禅、乘兴游玩、烹茶赏景、饮酒抚琴,这样的老年生活确实是"更无余事可劳心"。

第六章
大隐于朝：向往园林的闲官慢使

诗词欣赏

归履道宅

白居易

驿吏引藤舆，家僮开竹扉。

往时多暂住，今日是长归。

眼下有衣食，耳边无是非。

不论贫与富，饮水亦应肥。

赏析

这首诗创作于大和三年（829年）白居易从长安辞官，退隐洛阳履道里宅院之时。白居易为官多年，但在晚年对官场心生厌倦，最终决定去官归洛。田园生活是白居易十分向往的，这首诗描写的就是田园风情。

诗的开头首先用"藤舆""竹扉"等意象描绘了一幅清幽的田园画面。诗人感叹这所宅院虽然是自己家，但以往由于仕途奔波并没有在这里住多长时间，但如今自己确实要长归于此了。诗人期盼着过上衣食无忧、不问世事的生活，哪怕是日子清苦一些，也会满足当下的状态。

全诗语言通俗易懂，不加修饰，却鲜明地体现出诗人对于田园生活的喜爱。这首诗更像是诗人写给自己的作品，表现了诗人安贫乐道的品格。

任河南尹，意兴阑珊

  白居易自大和三年春天回到洛阳家中居住，度过了将近两年的时间。这一时期，虽然他也关注时事，但毕竟已经选择了退隐，就不再参与朝廷的纷争。

  在这期间，最让白居易震惊的是大和四年（830年）的二月，兴元军发生了叛乱，节度使李绛被杀害了。李绛与白居易交情颇深，没想到自己的朋友竟然死于非命，这让白居易十分悲痛，然而除了哀悼朋友，其他也无能为力。

  大和四年的十二月，白居易在家中接到了朝廷新的任命，他被授予河南尹这一重要职务。对于这次任命白居易非常意外，因为自己已经在洛阳宅院中生活了将近两年的时间，没想到自己处于退隐状态还会被朝廷重新起用。虽然并不情愿，白居易还是遵从朝廷的安排，毕

竟这一任命也体现了皇帝对他的信任。

值得欣慰的是，河南尹负责的就是洛阳地区的事务，这次白居易不必再去外地任职了。六十岁高龄的白居易再次担任朝廷的重要职务，这让他自己都有些难以置信。长期远离官场的白居易对于这一切已经有些不习惯了，所以意兴阑珊，刚刚上任甚至已经期盼着再度退隐了。这一年，他的老朋友元稹的职位由尚书左丞改为武昌军节度使，两人之间相隔得更远了，这不免让白居易有些伤感。

白居易被任命为河南尹之后，马上就迎来了春节。明明是阖家欢庆的节日，白居易却怎么也高兴不起来，因为当下的生活并不是他想要的。迷茫又失落的白居易在除夕晚上写了一首《除夜》，落寞的他思考着自己今后的日子：

病眼少眠非守岁，老心多感又临春。

火销灯尽天明后，便是平头六十人。

故人凋零，山水共谁寻

晚年的白居易被任命为河南尹，这一官职对他来说更像是一种累赘，因为他早已对官场没有兴趣了。然而，官场上的不如意算不了什么大事，接下来的几年对于白居易来说太过残酷了，他最亲密的家人和朋友先后离世，让白居易悲痛欲绝。

大和五年（831年）年初，白居易的幼子阿崔突然患病，没过多久就不幸夭折了，还不满三岁。这件事对白居易打击很大，他无法接受自己老来得子却又夭折的现实，他大病一场，经过休养才好不容易恢复。

这一年的七月，白居易又接到一个无法接受的噩耗，自己最好的朋友元稹在武昌病逝了。又是一个晴天霹雳，白居易很久才回过神来，他悲痛欲绝，老泪纵横。八月，元稹的灵柩从武昌移往咸阳，白

居易亲自前往吊唁知己。

白居易和元稹在贞元年间相识,共同参加科考,之后便成为要好的朋友。二人仕途多有坎坷,但无论身在何处总是挂念着对方。他们诗文唱和,有着同样的爱好,两个人相交几十年,惺惺相惜,他们之间的情谊是一段千古佳话。如今元稹已谢世,世间仅剩白居易,这让白居易感到无限伤感。在元稹的灵柩前,白居易深情地写下了祭奠老朋友的诗作《哭微之》:

> 八月凉风吹白幕,寝门廊下哭微之。
> 妻孥朋友来相吊,唯道皇天无所知。
> 文章卓荦生无敌,风骨精灵殁有神。
> 哭送咸阳北原上,可能随例作埃尘。
> 今在岂有相逢日,未死应无暂忘时。
> 从此三篇收泪后,终身无复更吟诗。

白居易在诗中表达了对元稹文章和人品的赞扬,更饱含了自己对知音好友的思念。最后一句白居易写道:"从此三篇收泪后,终身无复更吟诗。"也许在白居易心中,只有元稹才是最懂自己作品的人,知音已逝,今后的诗便无人能欣赏了。

大和五年十月,刘禹锡被任命为苏州刺史,经过洛阳时与白居易在一起聚了半个月。元稹已逝,刘白尚在,他们推杯换盏,诉说着过往与未来。

大和六年(832年)的七月,元稹葬于咸阳。白居易亲自为元稹撰写了墓志铭,墓志铭中写道:

呜呼微之!始以诗交,终以诗诀,弦笔两绝,其今日乎?呜呼微

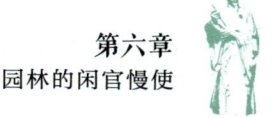

第六章
大隐于朝：向往园林的闲官慢使

之！三界之间，谁不生死，四海之内，谁无交朋？然以我尔之身，为终天之别，既往者已矣，未死者如何？呜呼微之！六十衰翁，灰心血泪，引酒再奠，抚棺一呼。

白居易在墓志铭中不仅详细论述了元稹一生的官声才名，更是以老朋友的身份表达了对元稹的深切怀念。他形容两个人以诗相交，又以诗诀别。虽然今天分别了，但不久自己也将与元稹再次相见。白居易的墓志铭言辞恳切，情感真挚，感人肺腑。

可是坏消息一个接一个到来，白居易的老朋友吏部尚书崔群也病逝了，白居易同样用诗文表达对朋友的思念，他在写给刘禹锡的诗作《寄刘苏州》中写道：

去年八月哭微之，今年八月哭敦诗。

何堪老泪交流日，多是秋风摇落时。

泣罢几回深自念，情来一倍苦相思。

同年同病同心事，除却苏州更是谁。

大和七年（833年）二月，身为河南尹的白居易身体越来越差，于是又向朝廷请了一段时间的病假。到四月份病假结束后，白居易的头风病又发作了，朝廷考虑到白居易的身体原因，不再命他担任河南尹，再次授予他太子宾客分司东都这一闲职，白居易终于又清闲了下来。

这一年的七月份，白居易的另一位老朋友崔玄亮与世长辞，白居易再次陷入了无限悲痛之中。如今白居易健在的朋友越来越少了，故人凋零，来日无多，再度退隐园林的白居易已经为自己谋划好了未来的生活。

国民诗人 白居易
相逢何必曾相识

诗词欣赏

哭崔常侍晦叔

白居易

顽贱一拳石，精珍百炼金。

名价既相远，交分何其深。

中诚一以合，外物不能侵。

逶迤二十年，与世同浮沈。

晚有退闲约，白首归云林。

垂老忽相失，悲哉口语心。

春日嵩高阳，秋夜清洛阴。

丘园共谁卜，山水共谁寻。

风月共谁赏，诗篇共谁吟。

花开共谁看，酒熟共谁斟。

第六章

大隐于朝：向往园林的闲官慢使

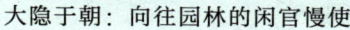

惠死庄杜口，钟殁师废琴。

道理使之然，从古非独今。

吾道自此孤，我情安可任。

唯将病眼泪，一洒秋风襟。

赏析

　　这首诗是白居易在大和七年（833年）悼念好友崔玄亮时所作，此时的白居易已六十二岁高龄，崔玄亮的离世让白居易无比悲痛，他有感而发写下了这首诗。

　　白居易与崔玄亮有二十多年的深厚情谊，他把这份感情看得比任何名利都重要，他与崔玄亮虽然年事已高，但是都身不由已地为朝廷效力，这与他们曾经约定的晚年退隐园林的愿望相违背，心愿尚未实现，老朋友却已去世，所以白居易感到十分遗憾。他在诗中深情感慨"丘园共谁卜，山水共谁寻。风月共谁赏，诗篇共谁吟。花开共谁看，酒熟共谁斟"。这原本是与知音好友在一起最畅快的时光，但如今都成了泡影，于是白居易写道"惠死庄杜口，钟殁师废琴"。既然知音已经离世，今后自己也会像庄子、俞伯牙一样，为了知己宁愿不再施展自己的才华，因为自己最得意的作品，只有知音才能欣赏。诗的最后，白居易还表达了自己从

第六章
大隐于朝：向往园林的闲官慢使

此孤单清冷、情感无所寄托的心情。

白居易这首诗，表面上是悼念崔玄亮一个人，实则是对近两三年内相继去世的元稹、崔群等一众老朋友的共同怀念。晚年的白居易接连遭受幼子夭折、老友离世的打击，内心孤单，他的心愿只剩下归隐园林、了此残生了。

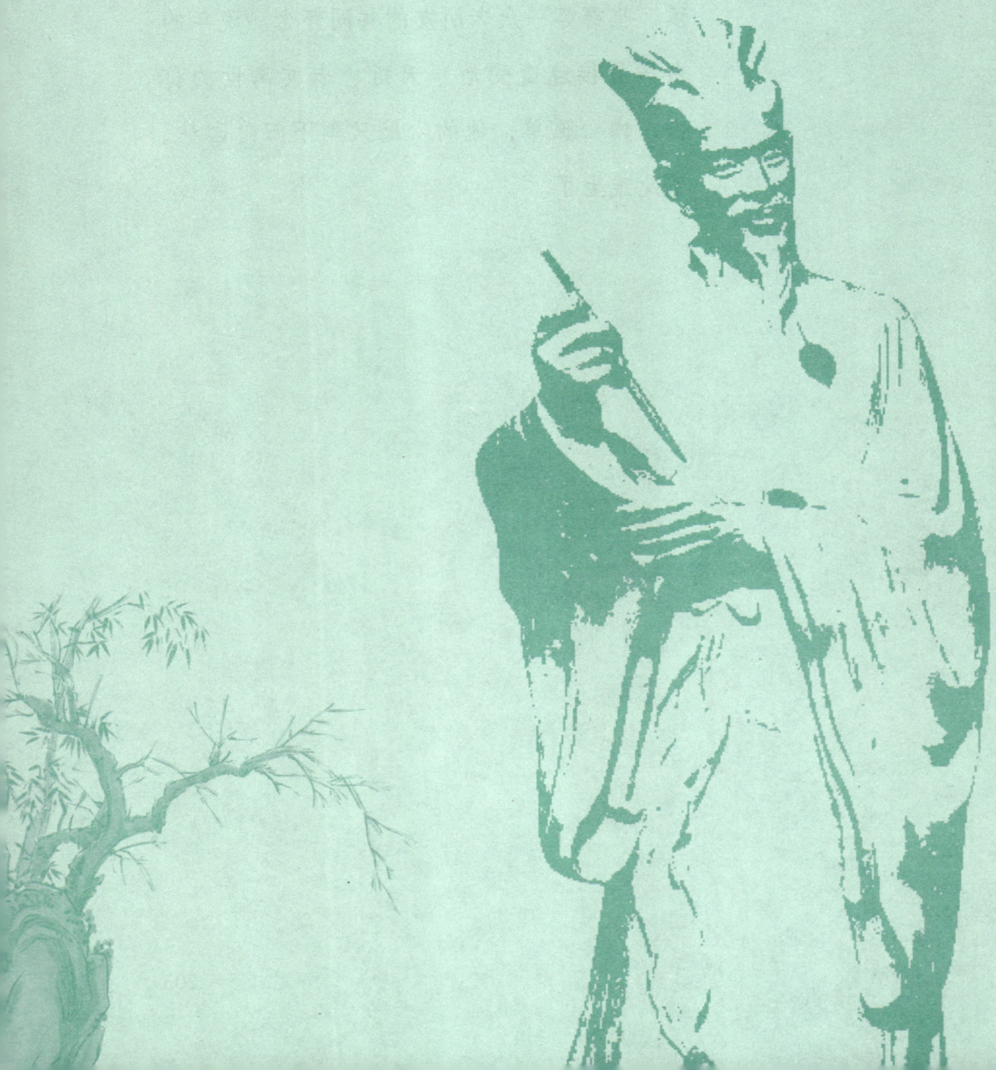

第七章

乐天知命:淡看宠辱的香山居士

晚年的白居易已经无意于官场，只愿流连于洛阳的香山寺和自家宅院中。他乐天知命，自号香山居士，过着闲适自在的生活。虽然白居易兼济天下的理想已经不可能实现，不过身在园林的他仍然关心朝廷的安危和百姓的疾苦，只要一有机会他总要尽己所能为百姓做一些事情。白居易一生笔耕不辍，他将全部心血汇编成了《白氏文集》，为后世留下了宝贵的精神财富。

身在园林，心系苍生

自从白居易卸任河南尹以来，他体验到了前所未有的轻松，每天生活的重心都是经营自己的内心。

白居易在洛阳的园林当中种菜灌园，扫径修竹，饮酒吟诗，非常惬意。与此同时，洛阳的香山寺成了白居易经常往返的场所，晚年的白居易一心向佛，与这座捐资修缮的古寺结下了不解之缘。

在洛阳，白居易还有一些老朋友，当他感到寂寞的时候就会和朋友们小聚一下，像皇甫镛、张仲方、李绅等人都是他经常交往的对象。

白居易虽然身在园林，但他对于朝廷的安危、百姓的疾苦始终挂念在心，他当下的生活状态只是自己力不从心的选择。

白居易终究无法完全割舍对百姓的关心，这一年的冬天，洛阳的

气候十分寒冷，白居易享受着朝廷的俸禄，衣食无忧，但是他放心不下的是广大百姓怎么度过这种恶劣的天气呢？于是他写了一首题为《岁暮》的诗，表达了对洛阳普通百姓生活的担忧：

> 惨澹岁云暮，穷阴动经旬。
> 霜风裂人面，冰雪摧车轮。
> 而我当是时，独不知苦辛。
> 晨炊廪有米，夕爨厨有薪。
> 夹帽长覆耳，重裘宽裹身。
> 加之一杯酒，煦妪如阳春。
> 洛城士与庶，比屋多饥贫。
> 何处炉有火？谁家甑无尘？
> 如我饱暖者，百人无一人。
> 安得不惭愧，放歌聊自陈。

在洛阳寒冷的冬天，白居易没有冻馁之忧，甚至还能喝上一杯热酒暖暖身子。然而城中普通的百姓就没有那么幸运了，白居易想到像自己这样的人家可能不到百分之一，就非常担忧哪些人家没有炉火取暖，哪些人家没有粮米下锅。虽然他十分牵挂这些百姓，但是自己的力量又微不足道，帮不上什么忙，令他就感到非常惭愧。

白居易就是这样一个即便"独善其身"也不能真正置身事外、不问世事的官吏，但也正是他这份博爱的情怀，让百姓对他无比爱戴。

第七章
乐天知命：淡看宠辱的香山居士

诗词欣赏

秋日与张宾客舒著作同游龙门醉中狂歌凡二百三十八字

白居易

秋天高高秋光清，秋风袅袅秋虫鸣。

嵩峰余霞锦绮卷，伊水细浪鳞甲生。

洛阳闲客知无数，少出游山多在城。

商岭老人自追逐，蓬丘逸士相逢迎。

南出鼎门十八里，庄店逦迤桥道平。

不寒不热好时节，鞍马稳快衣衫轻。

并辔踟蹰下西岸，扣舷容与绕中汀。

开怀旷达无所系，触目胜绝不可名。

荷衰欲黄荇犹绿，鱼乐自跃鸥不惊。

国民诗人 白居易
相逢何必曾相识

翠藻蔓长孔雀尾，彩船橹急寒雁声。

家酝一壶白玉液，野花数把黄金英。

昼游四看西日暮，夜话三及东方明。

暂停杯箸辍吟咏，我有狂言君试听。

丈夫一生有二志，兼济独善难得并。

不能救疗生民病，即须先濯尘土缨。

况吾头白眼已暗，终日戚促何所成。

不如展眉开口笑，龙门醉卧香山行。

第七章
乐天知命：淡看宠辱的香山居士

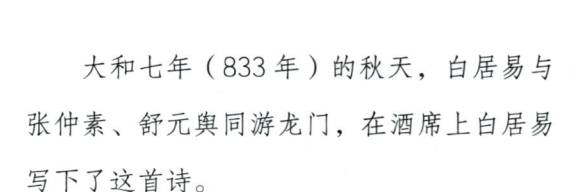

赏析

大和七年（833年）的秋天，白居易与张仲素、舒元舆同游龙门，在酒席上白居易写下了这首诗。

诗的开头用很长的篇幅描绘了几个人出游时的所见所感，秋高气爽，风景怡人，他们在山水间放浪形骸，饮酒畅谈，从白天到黑夜，一直到东方既白。

到了诗的最后几句，白居易吐露了自己内心多年以来的理想和矛盾。"我有狂言君试听"，他对老朋友说，自己一生始终有两大志向，就是"兼济天下"和"独善其身"，但是这两个方面是没有办法同时获得的。自己为官多年，虽然为百姓做了一些好事，但并不能从根本上解决人民生活困苦的问题，所以当他"兼济天下"的政治理想无法实现时，只能尽量实现"独善其身"，修身养性，保全自己。如今的白居易已经六十多岁了，须发斑白、两眼昏花，没有精力再去经受官场的风波，他也不愿意自己每天愁眉苦脸，

所以他选择了园林、古寺，希望轻松地度过自己的余生。

白居易的自述非常直白，虽然他享受着此时轻松惬意的生活，但内心也常常是充满矛盾的，他"兼济天下"的理想没有实现的机会了，所以只能无可奈何。

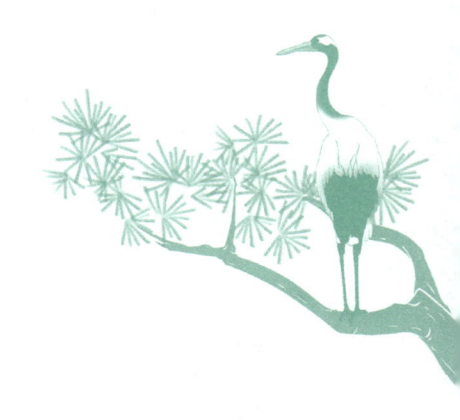

时事虽闻如不闻

　　白居易在洛阳过着安稳的日子，此时的他已经别无所求，但是朝廷并没有忘记他。

　　大和九年（835年）的九月，朝廷任命白居易为同州刺史，白居易自然不愿意放弃怡然自乐的园林生活赶赴同州任职，于是他以患病为理由，没有赴任。到了十月，朝廷任命他为太子少傅分司东都，仍然是一个没什么公务的闲职，还能领取俸禄。同州刺史一职则由自己的老朋友刘禹锡替自己赴任，白居易对此感到非常满意。白居易长居洛阳，有了更多的时间，于是他再次重新整理自己生平创作的诗文集，整天醉心其中，倒也自在。

　　天有不测风云，大唐王朝又发生了一场震惊朝野的政治风波。当时的朝廷，宦官专权已经到了十分严重的程度，而唐文宗是一位励精

图治、希望有所作为的皇帝，虽然当初唐文宗是在宦官的拥护下登基的，但他也看到了宦官专权对于整个国家的危害，于是大和九年（835年）十一月二十一日，唐文宗与大臣李训、郑注等密谋策划，决定诛杀大宦官仇士良，夺回皇帝应有的权力，这场政变被称之为"甘露之变"。遗憾的是，他们的计划被宦官仇士良发觉了，他们不仅没有实现诛杀宦官的目的，反而导致参与策划实施政变的大臣及其家眷被仇士良率领的宦官势力诛杀。事情败落后，唐文宗被长期软禁，宦官势力达到了顶峰。

身在洛阳的白居易听闻长安发生了这么悲惨的事变，愤怒又忧伤，被诛杀的大臣中有很多都是自己的好朋友，让白居易深受打击。白居易不想再关心朝廷的是非，这些让他悲愤忧心的事情倒不如不知道的好。他想到大唐王朝曾经是何等强大，如今却被宦官把持朝政，身为九五之尊的皇帝竟然也被软禁，这是何等的荒唐。白居易悲从中来，提笔写下了一首《咏史·九年十一月作》：

秦磨利刀斩李斯，齐烧沸鼎烹郦其。

可怜黄绮入商洛，闲卧白云歌紫芝。

彼为菹醢机上尽，此为鸾皇天外飞。

去者逍遥来者死，乃知祸福非天为。

白居易以秦朝李斯、汉代郦食其的历史悲剧为喻，影射了当下的时局，表达了祸福非天定、世事无常的感慨。时事如此不堪，真是让人无可奈何。

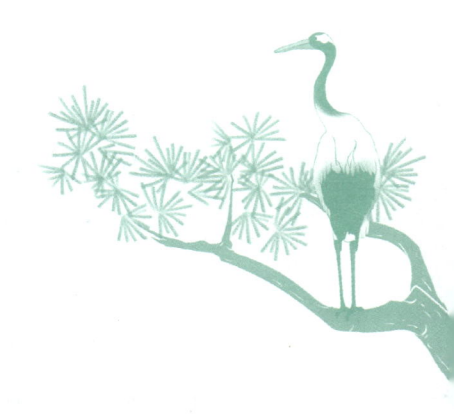

一生心血，尽汇《白氏文集》

白居易长居洛阳期间一直在整理自己的诗文作品，他准备重新汇编成集，将其命名为《白氏文集》。经过长时间的精心整理，到大和九年（835年）白居易终于完成了自编的《白氏文集》六十卷。这部六十卷的文集共收录了诗文作品两千九百六十四篇，白居易将其藏在了庐山的东林寺内。

白居易对于自己的诗文作品精益求精，虽然已经有了六十卷本的《白氏文集》，他仍然不满足，到了唐文宗开成元年（836年）的闰五月，他又整理了一版六十五卷本《白氏文集》。这个版本共收录了诗文作品三千二百五十五篇，白居易又将这部文集藏在了洛阳的圣善寺内。

到了开成四年（839年），白居易再次将自己以往的作品加以整理，最终形成了六十七卷版本的《白氏文集》，共收录了诗文作品

三千四百八十七篇，白居易将这一版本藏在了苏州南禅院。

至此，《白氏文集》被白居易分别珍藏在了三个地方，白居易自己又留下一版，共有四部文集传世。

《白氏文集》是白居易一生的心血，文集中的作品记录了他一生的经历，白居易个人的荣辱、大唐国运的兴衰无不记录在了那些经典的诗文当中。《白氏文集》是白居易生命历程的真实写照，更是他为后世留下的宝贵精神财富。

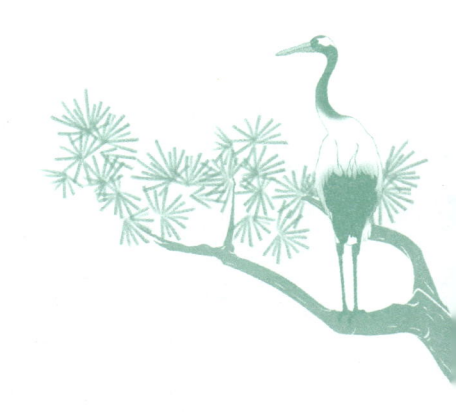

刘、白重逢，与君俱老也

随着时间的流逝，白居易的老朋友们大多去世了，他自己越来越感慨故人凋零的凄凉。开成元年（836年），六十五岁的白居易曾经写过一首《老夫》抒发感慨：

> 七八年来游洛都，三分游伴二分无。
>
> 风前月下花园里，处处唯残个老夫。
>
> 世事劳心非富贵，人间实事是欢娱。
>
> 谁能逐我来闲坐，时共酣歌倾一壶。

白居易在诗中感叹朋友们先后谢世，仅剩下了他自己。在应该及时行乐的年纪，连个一起饮酒叙谈的人都没有了。

幸运的是，就在这一年的秋天，与他交情深厚的老朋友刘禹锡由同州刺史改任太子宾客分司东都。白居易喜出望外，刘禹锡不仅来到

了洛阳为官，还是一个没有太多公务的闲职，这样一来，两个人就可以经常往来相聚了。

刘禹锡来到洛阳那天，白居易亲自去迎接。再次重逢，两个人都百感交集。刘郎已老，白居易同样须发斑白，二人同庚，今年都已经六十多岁高龄。老友相见，少不得饮酒欢聚，他们一起诉说着这些年的经历，怀念起那些已经去世的故友，也谈起了对朝廷时局的担忧，但无论如何，两个人的心情终归是喜悦的。刘白二人推杯换盏，自然少不了写诗，两位大诗人在宴席间留下了脍炙人口的诗文佳作。

刘禹锡来到洛阳后，白居易对于聚会表现出极高的兴致，他不仅与刘禹锡相约游山玩水，还将在洛阳的几乎全部朋友都动员起来一起集会。开成二年（837年）三月，白居易邀请了当时的太子宾客分司东都刘禹锡、河南尹李珏、东都留守裴度等十几个人一起修禊于洛水之滨，众人流觞赋诗，尽显风雅。

白居易经常邀请刘禹锡同往洛阳的香山寺参禅悟道，在刘禹锡眼中，此时的白居易喜欢身着白衣，一心向佛，俨然一个"白衣佛子"。白居易向刘禹锡诉说着他与佛家的不解之缘，他自号"香山居士"，希望晚年的自己内心平和，乐天知命，活得逍遥自在一些。刘禹锡理解白居易的选择，他为老朋友找到内心的安宁而高兴。刘白二人互为知己，惺惺相惜，在各自人生的暮年于洛阳城度过了几年惬意的时光。

第七章
乐天知命：淡看宠辱的香山居士

诗词欣赏

与梦得沽酒闲饮且约后期

白居易

少时犹不忧生计，老后谁能惜酒钱？

共把十千沽一斗，相看七十欠三年。

闲征雅令穷经史，醉听清吟胜管弦。

更待菊黄家酝熟，共君一醉一陶然。

赏析

这首诗创作于开成二年（837年），是晚年的白居易与刘禹锡在洛阳城交往的唱和之作。白居易与刘禹锡交情甚厚，经常邀请刘禹锡欢聚。从这首诗的题目可以看出，此时的刘白二人正在饮酒，白居易意犹未尽，于是与刘禹锡再次相约。

首联诗人豪爽买酒的情景表现出了他兴致颇高、心情愉悦的状态。颔联描绘了刘白豪饮的情形，同时交代了两人都已经是六十七岁高龄。颈联"闲征雅令""醉听清吟"的描写表现了诗人的惬意，尾联则点明"且约后期"，等到重阳时节黄花开遍、美酒酿熟的时候，要与对方欢饮，一醉方休。

刘白二人从年轻的时候便惺惺相惜，他们共同经历宦海沉浮和世事沧桑，在晚年能够相聚于洛阳城，非常难得。全诗语言明白晓畅，不加修饰，表现出了刘白二人的深厚情谊。

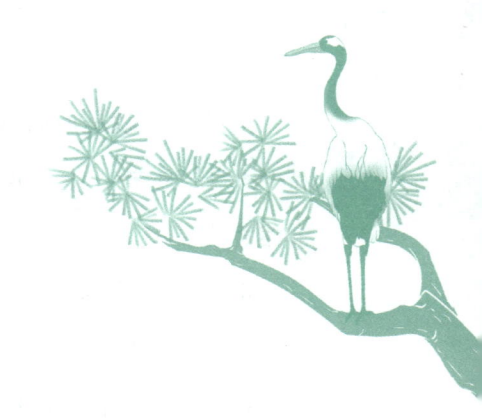

笔耕不辍，病后多于未病时

晚年的白居易心态十分平和，但是他毕竟已经年近古稀，加之汇编整理《白氏文集》十分辛苦，他的身体逐渐衰弱。好在他内心乐天豁达，所以情绪并不消沉，仍然创作了很多诗文作品。

开成三年（838年）的春天，老朋友裴度送给白居易一匹骏马，白居易非常高兴，回赠诗作表示答谢。白居易似乎心态更加年轻了，经常到龙门、香山寺游览，他还创作了一篇《醉吟先生传》，其中有这样的描述：

性嗜酒，耽琴淫诗，凡酒徒、琴侣、诗客多与之游。游之外，栖心释氏，通学小中大乘法，与嵩山僧如满为空门友，平泉客韦楚为山水友，彭城刘梦得为诗友，安定皇甫朗之为酒友。每一相见，欣然忘归。

国民诗人 白居易
相逢何必曾相识

　　醉吟先生就是白居易自己，他每天的生活就是饮酒、听琴、写诗、游览、参禅，十分惬意，可见此时的白居易对于自己的生活状态非常满意。

　　但是白居易毕竟年事已高，原本脚就有病，开成四年（839年）十月又得了风痹之疾，已经几乎无法行动了。他感觉自己时日无多，不想拖累身边的仆人、侍妾，于是将那匹马卖掉，同时遣散了侍妾。身患重病的白居易并没有消沉，他笔耕不辍，佳作频出，作品甚至比没有生病的时候还要多。白居易在病痛中度过了一个难熬的冬天，没想到到了第二年春天，病痛逐渐消除，身体比以前好多了。

　　开成五年（840年）正月，被宦官软禁的唐文宗郁郁而终，宦官势力拥护唐文宗的弟弟李炎即帝位，是为唐武宗。白居易已经不太关心朝廷的风波，这一年的冬天，他感到身体有些不适，直接向朝廷请了百日长假。告假之后，他与刘禹锡经常在一起饮酒聚会，好不自在。

　　唐武宗会昌元年（841年）春，白居易百日长假期满，朝廷直接罢免了他太子少傅的官职，俸禄也停发了，这让白居易十分不满，毕竟整个家庭的开销都需要他的俸禄来维持。好在第二年的春天，朝廷又任命白居易为刑部尚书，但只能领取一半的俸禄。

　　会昌二年七月（842年），刘禹锡病逝，白居易悲痛万分，放眼世间，再无知己。白居易用诗作深情怀念刘禹锡，写下了《哭刘尚书梦得二首》：

　　　　四海齐名白与刘，百年交分两绸缪。
　　　　同贫同病退闲日，一死一生临老头。

第七章
乐天知命：淡看宠辱的香山居士

杯酒英雄君与操，文章微婉我知丘。
贤豪虽殁精灵在，应共微之地下游。

今日哭君吾道孤，寝门泪满白髭须。
不知箭折弓何用？兼恐唇亡齿亦枯！
宵宵穷泉埋宝玉，骎骎落景挂桑榆。
夜台幕齿期非远，但问前头相见无。

  白居易在诗中缅怀刘禹锡，表达出自己也来日不多，即将同老友们相见于地下的伤感情绪。刘禹锡去世后，白居易更加倾心佛门，也许他早已看淡了一切，只愿在自己的世界里度过所剩不多的时日。

国民诗人白居易
相逢何必曾相识

诗词欣赏

达哉乐天行

白居易

达哉达哉白乐天,分司东都十三年。

七旬才满冠已挂,半禄未及车先悬。

或伴游客春行乐,或随山僧夜坐禅。

二年忘却问家事,门庭多草厨少烟。

庖童朝告盐米尽,侍婢暮诉衣裳穿。

妻孥不悦甥侄闷,而我醉卧方陶然。

起来与尔画生计,薄产处置有后先。

先卖南坊十亩园,次卖东都五顷田。

然后兼卖所居宅,仿佛获缗二三千。

半与尔充衣食费,半与吾供酒肉钱。

第七章

乐天知命：淡看宠辱的香山居士

吾今已年七十一，眼昏须白头风眩。

但恐此钱用不尽，即先朝露归夜泉。

未归且住亦不恶，饥餐乐饮安稳眠。

死生无可无不可，达哉达哉白乐天。

赏析

这首诗是白居易晚年的作品，他用轻松幽默的笔端描写了自己的生活状态，充分表现了他"乐天"的生活态度。

白居易晚年在洛阳任职，"分司东都"，整天十分清闲，所以他四处游玩、与僧人交往，以至于两年不曾过问家事，家人对他有了很大的意见。白居易并不慌张，而是幽默地对家人说可以将一些家产变卖，换来的钱财一半供家庭日常开销，另一半留给自己买酒买肉。但是他还担心钱太多还没用完的时候自己就先去世了，所以他提出应该及时行乐，过好每一天的生活。即便是面对生死，也没有什么可以不可以的，因为这样的心态才是真正的白乐天。

白居易这首诗有一定的戏谑成分，但是也表明了他晚年对于生活、对于生死的态度。晚年的白居易一心向佛，内心十分平和，在经历了官场沉浮、世事沧桑之后已经

第七章
乐天知命：淡看宠辱的香山居士

非常从容淡定，所以他以《达哉乐天行》为题，表明了自己乐天知命、宠辱不惊的处世智慧。

捐出家财，治理龙门八节滩

七十多岁的白居易经常到洛阳城东游览。会昌四年（844年）的春天，当他再次来到城东的赵村时，看到千株杏花盛开，不由得想起了之前同刘禹锡一起游览时的情景，"明日期何处，杏花游赵村"，如今刘郎已逝，仅剩白乐天，这使他十分伤感。

白居易在游览过程中发现在龙门潭南边有一段水路，名叫八节滩。虽然是水路，但由于水流湍急，怪石丛生，每当行船时，船只经常会撞到石壁上导致船只破损。船夫们为了保护船只，只能跳下水去用手拖住船只，使之缓缓渡过这一段曲折、湍急的水路。即便如此，还是经常会有人因此受伤，船只也常被损毁。

白居易看到这一情形，十分忧心。他与当地百姓深入交流，了解了具体情况，便决定由自己出资，将这一小段水路凿通。如果将多余的石头凿掉，拓宽水路，河道就不会那么曲折，水流也不会那么湍急，船只就能平稳地从这里通行了。白居易将家中资产尽数捐出，找到了施工人员，很快龙门八节滩就被治理好了。

治理之后的八节滩行船平稳，这里的百姓再也没有了之前的担忧，他们十分感激白居易。白居易看到民众喜悦的样子，内心也十分畅快。毕竟他从青年时代起就立下了"兼济天下"的志向，如今虽然只做了一件小事，但是是靠自己的能力做到的，所以他感到非常高兴。为了纪念这件事，白居易还写《开龙门八节石滩诗二首》：

> 铁凿金锤殷若雷，八滩九石剑棱摧。
> 竹篙桂楫飞如箭，百筏千艘鱼贯来。
> 振锡导师凭众力，挥金退傅施家财。
> 他时相逐四方去，莫虑尘沙路不开。

> 七十三翁旦暮身，誓开险路作通津。
> 夜舟过此无倾覆，朝胫从今免苦辛。
> 十里叱滩变河汉，八寒阴狱化阳春。
> 我身虽殁心长在，暗施慈悲与后人。

白居易心中始终牵挂着百姓的疾苦，他在自己无可奈何时会选择"独善其身"，当自己有能力帮助百姓做一些实事时，他就会毫不犹豫地践行"兼济天下"的理想，他的这种情怀是十分可贵的。白居易并不在乎自己捐出多少家财，也不在乎后人是否能记住他，他看重的是自己的理想能否实现，百姓是否因为自己的善举得到了好处，就像他自己在诗中写的一样"我身虽殁心长在，暗施慈悲与后人。"

溘然长逝，诗魂不朽驻世间

会昌五年（845年），白居易已经七十四岁高龄。阳春三月，风和日丽，他在履道里的宅院里邀请了胡杲、吉皎、郑据、刘真、卢贞、张浑六人相聚，称之为"七老会"，白居易在自己的诗中记录了他们七个人的年龄加起来一共是五百八十四岁。这一年的夏天，他又邀请了之前的六人，加上僧人如满和长寿老人李元爽，共九个人相会，有人还因为这次集会画了一幅《九老图》，一时传为佳话。

会昌六年（846年）三月，唐武宗病逝。唐宪宗的第十三子李忱即位，是为唐宣宗。此时的白居易已经病入膏肓，他早已无心关注朝廷的动向，重病缠身的他甚至都无法再写诗了。

唐武宗会昌六年（846年）八月十四日，白居易病逝于洛阳履道里宅中，享年七十五岁。

国民诗人 白居易
相逢何必曾相识

白居易的一生仕途坎坷，但人生经历丰满充盈。他所到之处留下了无数经典的诗文佳作，流传千年。他是青衫落魄的"江州司马"，也是旷达自信的白乐天；他是狂放不羁的"醉吟先生"，也是一心向佛，内心平和的"香山居士"。白居易以其敏捷的才思被后世称之为"诗魔"，他的无数佳作、伟大人格在中华文化史上长久地被人们吟诵、怀念。唐宣宗李忱曾写过一首《吊白居易》表达对这位名臣的悼念，诗中对白居易的评价同样是后世对这位伟大诗人的追思：

缀玉联珠六十年，谁教冥路作诗仙。

浮云不系名居易，造化无为字乐天。

童子解吟长恨曲，胡儿能唱琵琶篇。

文章已满行人耳，一度思卿一怆然。

参考文献

[1]（唐）白居易．白居易集．[M].北京：中国戏剧出版社，2002.

[2]（唐）白居易著,喻岳衡点校．白居易集[M].长沙：岳麓书社，1992.

[3]（唐）白居易著,丁如明、聂世美校点．白居易全集[M].上海：上海古籍出版社，1999.

[4]（唐）白居易撰,顾学颉校点．白居易集（全4册）[M].北京：中华书局，1979.

[5]翟叶．白居易：相逢何必曾相识[M].北京：北京燕山出版社，2017.

[6]顾学颉,周汝昌选注．白居易诗选[M].北京：人民文学出版社，2021.

[7]（清）蘅塘退士编,陈婉俊注．唐诗三百首[M].北京：中华书局，2005.

[8] 黄钧等校点. 全唐诗 [M]. 长沙：岳麓书社，1998.

[9] 施树禄. 全唐诗赏析 [M]. 北京：中国言实出版社，2017.

[10] 随园散人. 白居易传：我生本无乡，心安是归处 [M]. 北京：台海出版社，2022.

[11] 万曼. 白居易传 [M]. 苏州：古吴轩出版社，2023.

[12] 王汝弼. 白居易选集 [M]. 上海：上海古籍出版社，2012.

[13] 王拾遗. 白居易生活系年 [M]. 银川：宁夏人民出版社，1981.

[14] 言诗语. 白居易传：长恨春归无觅处 [M]. 南京：江苏凤凰文艺出版社，2023.

[15] 杨武凤，刘敬堂. 酒狂引诗魔，悲吟到日西：白居易传 [M]. 北京：中国文史出版社，2021.

[16] 殷靖. 五百年中一乐天：白居易诗传 [M]. 北京：现代出版社，2018.

[17] 张春林. 白居易全集 [M]. 北京：中国文史出版社，1999.

[18] 赵瑜. 人生要好诗：白居易传 [M]. 北京：作家出版社，2020.

[19] 朱金城. 白居易年谱 [M]. 上海：上海古籍出版社，1982.

[20] 陈杰杰. 长歌当哭为湘灵——从白居易的初恋悲剧看其对《长恨歌》创作的影响 [J]. 绵阳师范学院学报，2012（03）：24-27.

[21] 周楞伽. 白居易的早年生活与"符离五子诗" [J]. 西北大学学报（哲学社会科学版），1980（01）：27-32.